著名演说家、策划大师程俊杰老师和销售天王上官敬丰老师

程俊杰老师面对 1600 多名企业家演讲传授智慧

恩师李燕杰教授为《征服世界的演说》题词

程俊杰老师和恩师李燕杰教授共同受邀
出席全球社会企业家生态论坛大会

世界第一两性关系大师约翰格雷老师推荐您
阅读程俊杰老师新书《征服世界的演说》

亚洲销售女神徐鹤宁老师推荐您阅读
程俊杰老师新书《征服世界的演说》

中国潜能激励大师杨涛鸣老师推荐您阅读
程俊杰老师新书《征服世界的演说》

程俊杰老师携爱女面对 1600 人演讲现场

程俊杰老师携爱女和
亚洲首席演说家梁凯恩老师合影

程俊杰老师在燕京理工学院演讲

程俊杰老师的哥哥程俊峰是他生命中
最最最重要的恩人和贵人

程俊杰老师和蒋大为老师共同受邀
担任央视青春中国大型文艺晚会总策划

程俊杰老师和方青卓老师亲切合影

程俊杰老师和新闻联播主播康辉老师
在央视春晚现场

程俊杰老师和周伟老师在央视春晚现场

程俊杰老师和潘长江老师在央视春晚现场

程俊杰老师、北京世纪京泰家具公司董事长
周保国先生、著名演说家高田宝老师

程俊杰老师与著名影星、现代李小龙：
陈天星合影

程俊杰老师和著名艺术家吕远老师
在总政歌舞团贵宾室亲切合影

程俊杰老师与延参法师亲切合影

程俊杰老师和刘和刚老师亲切合影

程俊杰老师和剑桥少儿英语创始人、
中国视情教育创始人张巨河教授亲切合影

程俊杰老师和中国最大的连锁跳伞公司、
驼峰航空集团董事长杨斌

程俊杰老师和 NLP 商战导师冯小强老师在
上海虹桥机场同行留念

程俊杰老师和中国资源整合第一人
周嵘老师亲切合影

中国驰名商标强力家具集团为感恩程俊杰老师（左五）和上官敬丰老师，特送上六面锦旗致谢

程俊杰老师和亚洲销售女神徐鹤宁老师同台演讲，徐鹤宁老师说：程俊杰老师是第一名！是最棒的！

李燕杰教授夫妇与爱徒程俊杰老师、刘振友教授等人一同合影

亚洲首席演说家梁凯恩老师
和程俊杰老师同台演讲并亲切合影

亚洲潜能激发大师许伯恺老师
和程俊杰老师同台演讲并亲切合影

程俊杰老师和心相印集团执行董事
许春满亲切合影

2015 年 5 月程俊杰老师从 12000 英尺进行高空跳伞，克服恐惧拿掉大脑中的限制

征服世界的演说

程俊杰　著

北京联合出版公司
Beijing United Publishing Co.,Ltd.

图书在版编目（CIP）数据

征服世界的演说 / 程俊杰著 . -- 北京 : 北京联合出版公司 , 2016.3
ISBN 978-7-5502-7263-7

Ⅰ . ①征… Ⅱ . ①程… Ⅲ . ①演讲 – 语言艺术 Ⅳ . ① H019

中国版本图书馆 CIP 数据核字 (2016) 第 048183 号

征服世界的演说

作　　者：程俊杰
责任编辑：刘　恒　　徐秀琴

北京联合出版公司出版
（北京市西城区德外大街 83 号楼 9 层　100088）
北京时捷印刷有限公司印刷　新华书店经销
字数 302 千字　787mm×1092mm　1/16　17 印张
2016 年 4 月第 1 版　2016 年4 月第2 次印刷
ISBN 978-7-5502-7263-7
定价：42.00 元

俊杰：

一人之辯重於

九鼎之寶三寸

之舌彊於百萬

之師

李燕杰

2014.12.2

亚洲销售女神徐鹤宁老师为程俊杰老师寄语

最棒的

俊杰！

Be No.1

Be only!

徐鹤宁

序言

没有一个人的成功
可以离开演说

2015年3月25日，在《我是歌手》第三季总决赛歌王之战的舞台上，“孙楠临时退赛”成了名副其实的“直播大事件”——直播的整个赛制、流程是针对七位歌手的。一位歌手的退赛会打乱原有的流程和赛制。这对主持人、节目团队和整个“芒果台”（湖南卫视）都是个不小的考验。

为人称道的是，主持了18年电视节目的被许多观众视为“主持一哥”的汪涵，通过自己机智的反应和令人叹服的口才成功救场。流畅的思维、清晰的条理、有力的语言——汪涵的这一席话堪称“演说经典教材”。

确定情况

汪涵说：“楠哥，我特别想问一下，您说的话应该是您此时内心的所想所感，都是你自己拿定主意后的观点？”

这是汪涵听到孙楠退赛后说的第一句话——这句话反映了汪涵的冷静过人之处，同时也向现场观众暗示了孙楠临时退赛是他的个人行为，而不是芒果台精心策划的“表演”，再次确认了危机的真实性。此时，汪涵知道：孙楠不是开玩笑，真是“摊上事儿了”！

向导播请求资源（3 ~ 5分钟广告）

汪涵说："既然我是这个舞台的节目主持人，接下来就由我来掌控一下。首先，请导播抓紧时间为我准备一个3到5分钟的广告时间，谢谢！我待会儿要用。"

汪涵确定"摊上事儿"后，立马向背后的团队发出信号，这句话暗示了团队：我心里有谱，能撑一阵场，但你们现在需要利用我留出来的时间，思考应对策略，并帮我置换一个下场沟通交流的时间。同时，这席话也提前暗示观众，接下来有可能插播一段额外的广告，请给予理解。

留出退路

汪涵说："接下来我要说的这段话有可能只代表我个人的观点，而不代表湖南卫视的立场。我从21岁进入到湖南广电，所以我觉得我自己身上的很多优点和很多缺点似乎都打上了湖南广电的很多烙印，包括所谓没事儿不惹事儿，事儿来了也不要怕事儿。"

这段话表明汪涵救场的确是临时突发行为，在巨大压力之下，不排除出现失误。万一出现失误，不排除被同行的口水淹没，不排除演化成芒果台的更多问题。

因此，汪涵提前表明自己的救场脱稿词完全是他个人的观点，不代表湖南卫视的立场——这点非常明智。万一出现口误，也为湖南卫视后续做公关留足了余地。而这种忠诚于电视台的做法也是领导希望看见的。汪涵的"狡猾"之处在于，他说了"自己性格优缺点来自湖南广电的烙印"，把自己和芒果台绑在一起。言外之意是：万一我出现错误，您可不能抛下我不管。

最后要指出的是，从救场开始，汪涵相比平时主持的欢快语速放慢了，这样可以给自己更多思考时间，也赢得更多团队救场时间。

安抚情绪——不信，你听！

汪涵说："对于一个节目主持人，在这么大一场直播当中，一个顶尖级的歌手，一个顶梁柱一样的歌手，突然间宣布退出接下来的比赛，我想应该是摊上事儿了，甚至是摊上大事儿了。但是说实话，我的内心一点儿都不害怕，因为一个成功的节目有两个密不可分的主体，除了这个舞台上的7位歌手之外，还有电视机前的亿万观众和现场的这么多的观众。我之所以不害怕是因为你们还真诚地踏踏实实地坐在我的面前，我还可以从各位期待的眼神当中读到你们对接下来每一位要上场的歌手，他们即将演唱歌曲的那一份期许。我还可以从各位的姿态当中感受到你们内心的那种力量，这个力量足够给楠哥，给红姐，给The One，给李健，给维维，给黄丽玲，给所有的歌手，给彦斌，已经准备好了，会有千万个掌声要送给他们。楠哥，不信，你听。"

危机出现后，安抚当事人和第三方的情绪很重要。只要情绪控制住，或许一切还能回归正常的沟通。

在安抚情绪之前，汪涵表明了自己的遭遇——遇上大事了！

但汪涵也非常聪明，将一起见证"意外"的现场观众作为了自己的筹码——一个成功的节目，除了我们电视台和歌手，更离不开你们！

不得不佩服湖南卫视导播团队在此时发挥的作用。汪涵正在煽情时，镜头第一时间切换到了观众投入倾听的画面，并给观众表情一个特写。

接着，汪涵立刻向观众抛出事实：虽然孙楠退出了，但我们还有6位歌手值得期待。这才是最终你们期待的大结局！在此，汪涵还是有点儿紧张，他说歌手名字时，一开始漏掉了胡彦斌，但马上意识到这点并立刻在“所有歌手”后补上了胡彦斌的名字。

安抚后，汪涵又把话语权交给歌手，告诉他们观众一样期待。而汪涵最后的一句“不信，你听”可谓是点睛之笔，简单的几个字，安抚了在场所有观众。

反击对手

汪涵说：“这是我要说的第一层意思。第二层意思我想表达的是，我虽然不同意楠哥的一些观点，但是我誓死地捍卫您说话的权利。所以刚才我由话筒听到那一段的时候，我并没有试图打断您要说的话，虽然我可以这么做。其实每一位歌手来到这个舞台，他都有权利选择我来或者是不来。当然，您自然也有权利选择在您认为是对的时刻，依着自己认为对的那个心情做出你要离开的这个决定，所以我相信我们应该尊重一个成熟男人在这一刻做出的决定。当然，我们在这里提出一个希望和请求，就是希望您以一个观众的身份继续坐在这个地方，来看你最爱的弟弟妹妹们向歌王的舞台进军，我也相信我们现场的500位大众评审已经做好了准备，用掌声来接纳这位不期而至的观众。不信，你听。”

汪涵的这段话让人回味无穷。许多网友后来将其总结为“如何优雅地骂人”。当然，汪涵更多的应该只是想控场并从一定程度上不让芒果台“丢面子”。抛开争议与骂战，单从说话角度来看，我们可以将这层意思视为“反击对手”。首先，汪涵说明自己此前虽然有权打断孙楠的话但他并未这么做，以示对孙楠的尊重；其次，汪涵说“尊重一个成熟男人在这一刻做出的决定”，这句话的潜台词可以是“你这么做不是一个成熟男人的表现”；最后，汪涵请求孙楠即使退赛也不要离开现场，继续观看比赛。孙楠的退赛举动本就已惹火烧身，自然不会再拒绝汪涵当着亿万观众的面的小小请求。

华丽转场

汪涵说："接下来对于我个人而言，一个主持人，我在台上不可能有这么快的反应速度，也不可能有这么大的权力，来重新调整接下来因为楠哥的退出而要改变的比赛的规则。因为有一个歌手要退出，所以比赛规则都要做相应的改变，所以有请导播在这一刻给我放 3 到 5 分钟的广告，我要跟我们的制作团队跟我们的领导一起商量，怎么来进行节目上的和赛制上的相应的调整。各位亲爱的观众朋友，真的千万不要走开。还是那句话，真正精彩的时候，或许会从广告之后才开始，马上回来！"

两个"不信，你听"顺利地让汪涵完成了救场，现在要做的是立刻和团队沟通，确定下一步的对策。这时，汪涵一开始让团队准备的广告发挥了作用。就算是进广告，汪涵也不忘继续抚慰观众，意思是大家不要走开，一点点小意外，不影响下面的精彩！

至此，汪涵的一席话已经折服了在场所有人，也成功救一场大型直播比赛和所有人于水火之中。

富兰克林说："说话和事业的进展有很大的关系，是一个人力量的主要体现。"

公众演说是 21 世纪所有人都必须掌握的一种能力。

我们所处的高速发展的时代，也是充满竞争的时代。演说当然不只是用来"救场"。当我们身边越来越多的人熟练掌握了电脑、英语、开车——这三项几年前被所有人推荐的能力时，我们也越来越能感觉到生活和生存的压力、竞争的残酷。

良好的演说能力和技巧能帮助我们解决棘手的难题、拓宽人际关系、赢得更多的机遇。不管你从事哪个行业，也不管是在工作还是学习、生活中，你总会遇到一些特殊的场合，需要面对大众演说。如果你能把握住机会，在这些场合展现卓越的演说才能，你就能博得众彩、自我推销。

演说——我们每个人都不能逃避的必修课。

但是，一个人的演说能力不是与生俱来的。要想成为一个超级演说家，不但要刻苦练习和模仿，还要熟练掌握各种演说技巧，突破演说瓶颈等等。这也是我创作本书的原因。我结合自己的经历、经验，为读者朋友们详细阐释了演说的技巧与方法。有些事情，只有相信才会成真！如果你真的想改变自己，创造奇迹，就请花一点儿时间研读此书。

如果掌握了一项技能可以迅速拉开我们与他人之间的差距，并可以轻松自如地生活、赚钱，为事业和家庭的幸福与腾飞插上一双翅膀，这项技能就会成为21世纪人人都趋之若鹜的本领，它可以让你轻松得到你想要的一切，可以轻松地让你成为你想成为的人。

那么，你还在等什么？赶快来跟随我学习这项“绝世武功”吧！

公众演说，征服世界！

目录

第一章　演说家之路

——我的人生精彩无比

每个人的一生都充满着很多必然性和偶然性。

幸运的是，在人生之路刚启程不久，我就发现了演说的非凡魅力和正能量。童年的经历和磨难也让我终于找到了自己的目标和方向，从此我立志要将演说当成我毕生奋斗的事业和使命。我的人生正是从这个时候开始，便有了坚定的信仰和光明的前途。

作为一名超级演说家，我不仅可以将自己的人生经历分享给更多的人，帮助更多人成长和改变，也直接或间接地改变了很多人甚至很多家庭的命运。我在实现自己人生价值的同时，不断地在演说中建立起强大的自信，结识了更多的各行各业的朋友和贵人，赢得了更多朋友的好评和鼓励，创造了一个又一个新的发展机遇。

演说不仅可以打造一个展现自己的舞台，也让一个人最快速提高自己的个人魅力和影响力，使人一步步地走上人生的巅峰，感受成功的喜悦！

梦想照进现实的童年

每个人的人生都是一次奇妙的旅行！

在这场旅行中，我要感谢我的爸爸妈妈，是他们给予了我生命。

我的爸爸是一位纺织工人，妈妈是一位小学教师，我还有一个大我四岁的哥哥。

在我上小学的时候，爸爸辞职后在家开始做起了小买卖，收入很不稳定，家里的经济状况总是很差。

因为那时家里很穷，学习成绩不错的哥哥报考了北京铁路机械学校（一所公立的中专），以超过录取分数线几十分的成绩被录取，为的就是毕业后能分配到一份稳定的铁路行业的“铁饭碗”工作。恰恰也是因为那四年在北京的学习和生活，使哥哥早早地接触到了北京这座大城市的繁华和视野，扩大了他的格局，为日后的一切发展奠定了基础。

哥哥说，当他的同学们每天谈恋爱、弹吉他、看课外书、听流行歌曲的时候，他每天晚上都会躺在床上，反复问自己，我这辈子到底要过什么样的生活？我这辈子要做出什么样的成就？我要给自己、给家人带来怎样的转变？

当他不断思考，不断问自己时，他那不安分的心就开始“蠢蠢欲动”了。那时我在上初中，学习不太用功，于是哥哥给我写了一封短信，至今我仍然清楚地记得，信中写道：“弟弟：咱们的家，家徒四壁！邻居瞧不起我们！朋友也瞧不起我们！并且在过年、过节的时候还需要叔叔和姑姑们来接济咱家，我们将来一定要干一番事业出来，回报给无私帮助我们的这些亲戚。也要让那些瞧不起我们的人刮目相看！”

当然那个时候亲戚帮助我们家，根本是不会考虑回报的。但是那时候的哥哥，就已经懂得了什么叫作感恩，什么叫作知恩图报。从那时起，哥哥就成了我生命中最最重要、最最崇拜的人！

读初一时放暑假，我想买漂亮的衣服，买一些自己喜欢的文具等东西。那个时候我就开始不怕别人笑话、拒绝，开始摆地摊，学着做起了小买卖。我喜滋滋地憧憬着我可以在暑假期间赚到一笔钱，可以买那些期待已久的东西了，不自觉地脸上露出了会心的微笑。

眼看着快要开学，我用我自己赚来的钱，为自己买了人生的第一件白衬衫、灰裤子和白边胶底黑色布鞋，是那年最流行的。开学后的每天我都穿着这一身，晚上回家自己将衬衫洗得雪白，将洗好的裤子倒挂起来，用手将裤缝刮得笔直，第二天早上晾干后再穿着去学校，直到深秋天气很冷了才换下。

随着我长大，很快就到了初中毕业，由于成绩不太好，我连高中都没有考上。为了能尽快掌握一门手艺可以在未来养家糊口，我只能去学习电焊工。炎热的夏天，40 摄氏度的高温，连吹着电扇的人都会感觉非常热，而我却需要穿上厚厚的工作服和防护帽、防护鞋，蹲在地上，面前的钢板要被烧红到 3000 摄氏度以上才能被焊接，汗水浸透了我的衣服，顺着袖管滴落在面前的钢板上，哧……哧……哧……这样的声音成为我工作的伴奏曲……学成之后我到了一家化工厂工作，每个月只能赚到280元的工资，伴随着我的不甘现状，以及爸爸和哥哥潜移默化的影响，我决定放弃工作，下海创业。

从那一天起，我知道，我必须靠自己的双手去改变自己的命运！改变家族的命运！

北京逐梦之旅

虽然我没有学历、没有人脉、没有经验，但是我义无反顾地走进了社会。我卖过刮奖即开型彩票、卖过保险，做过送桶装水工人、做过微型按摩器街头推销员、做过公交车售票员，摆过地摊、卖过烧烤，开过火锅店、开过电脑公司、开过家具公司……折腾了那么多次，就是源于我的不服输，我对于成功的极度的渴望！我心里一直知道，对于一个人而言，渴望是人生唯一真正的限制！只有足够渴望什么，才能够真正拥有什么。所以我大步流星地走在奔向成功的路上，越来越近！

最终因为哥哥的一席话，我离开了山西太原的老家，背井离乡，来到了北京。哥哥告诉我，无论做什么工作或者什么生意，都应该选择大的市场和环境去做，才可能得到更大更好的结果。哥哥说，我在太原，就好比面对着一个池塘在钓鱼，池塘边上四周坐着很多钓鱼者，即使我的鱼饵很好、我的技术一流，也仅仅只能钓到比别人多的鱼，不可能钓得到整个池塘一半或者三分之一的鱼，因为虽然鱼多，但是钓鱼的人也很多，就好比那个市场环境；如果我到北京去钓鱼，北京是中国的首都，有着全中国最多的资源和机会，相当于是一个大海，大海边也坐着很多钓鱼的人，即使我用同样的钓鱼技能和鱼饵，一定可以钓到更多于在池塘边钓到的鱼，甚至还有可能钓到在池塘里永远也不可能见到的大鱼和各种其他海鲜。我一听这样的理论，觉得很不可思议！于是和爸爸商量，本以为爸爸会不同意，但是爸爸却非常简单地对我说："儿子，去吧！趁着年轻，去闯一次吧！好男儿志在四方！人生最不应该的就是在最应该拼搏的时候选择安逸，如果你现在不走出去看一看外面的世界，不去拼搏奋斗一把的话，将来你一定会后悔的！"

于是我义无反顾地来到了北京。刚到北京时，因为我没有高学历、在北京没有人脉没有资金，只能去应聘业务员的工作，却被一家一家的公司拒绝，当我找到一家自己认为比较理想的家具公司想要应聘业务员的时候，对方只是扫了一眼我的简历就将我拒之门外，我只能重新去找工作……

一路走来，尝遍了辛苦滋味，我和哥哥、表弟以及公司伙伴们，一同拼搏奋斗！一同开拓市场！一次次的加班、一次次的竞标、一次次的失望和希望，终于换来了今天的成就。伴随着北京世纪京泰家具公司的发展壮大，我们和周董已经携手走过了10多年的光阴，我也在家具这个领域干了8年多了。

这一路走来的过程中，有着太多的辛酸和不堪回首，每当我遇到挫折和挑战，变得沮丧、情绪低落，甚至想要放弃的时候，每一次，都是我最亲爱的家人我的爸爸，在背后默默地鼓励我！给我打气！

徐静蕾有一首歌叫《梦想照进现实》——鲜艳的花做过梦吗 / 梦开的花它一样鲜艳吗 / 有谁真的在乎过它 / 捡起撒落的花瓣带回家 / 那是梦开的花会落泪吧 / 我们会用心地守着它 / 听不到梦醒来时的繁华 / 那时梦开的花会高兴吗 / 再不要枯萎啦。

也许，从我踏上社会的第一天起，就预示着梦想照进了现实，也照亮了我内心的执着与希望，也注定了我的人生将会与众不同！

爱的拯救，重燃激情

天有不测风云，我永远也忘不了那个灰色的早晨，我最亲爱的爸爸，由于长期吸烟，得了肺癌，在他生命弥留之际，他非常用力地想要睁开眼睛再多看我一次，然而，爸爸带着全家人对他满满的爱和思念，在我的怀中，永远地离去……

我那充满雾霾的天空

这个巨大的打击让我的天空一下子崩塌了！

我开始对工作、对生活失去了信心。整整5个多月，我经常以泪洗面，每天都把自己灌到烂醉，我喝到趴在地上起不来的时候，嘴里却喊着我的爸爸。

5个月，我没有管公司的任何事情，中断了一切的业务和应酬，年仅31岁的我，就想要退休回家了——如果我们拼搏奋斗，想要和家人分享自己成功的喜悦都不可以的话，那我们成功还有什么意义呢？我干脆退休回家算了，每天在家喝茶、钓鱼……我以为，我的后半生就真的要那样过下去了。

然而，为了唤醒我、拯救我，家人们想尽了办法，都无济于事，直到5个多月后的一天，哥哥送了我一本书，书中的主人公经历震撼了我！哥哥告诉我一定要见到这个人！

多方打听，终于知道了他是一个台湾人，现在就在上海，他把自己跌宕起伏、创造奇迹的励志人生故事不但写成了书籍，居然还拍成了电影和电视剧。

2012年的11月，我终于见到了这本书的作者。我满怀信心飞到上海，早早来到会场门口，心情特别激动。当我听到主持人的介绍时，全场立刻沸腾了起来，主持人说道："接下来，让我们用最热烈的掌声，有请，亚洲首席演说家，梁凯恩老师闪亮登场！"

整个会场响起了掌声、欢呼声、尖叫声，所有人都兴奋到站在椅子上。梁凯恩老师上台后说出了一段让我至今都每天在说的话："这是一个多么美好的一天啊！充满着爱！热情！效益！感恩！ Power！"

我通过学习认识到了，一个人无论多么有钱，走到最后能够留下的只有他的影响力！一个人的影响力来自他的说服力！说服力的最极致体现就是一对多说服，也就是公众演说！我又重新找回了自信，并发现了自己的兴趣爱好和天赋：演说。

我发誓一定要用演说改变我家族的命运。两年后我要站在面对一千人的舞台上！两年后我要成为畅销书作者！ 5年后我也要成为一名超级演说家！

我知道，只有我们会放弃梦想，梦想从来都不会主动放弃我们！

强烈的企图心：用演说征服世界

罗马不是一天建成的。想要从一个默默无闻的人成长为世界顶级演说家并非易事，甚至在大部分人眼里仿佛比登天还难。

但我明白了，凡事不能急于求成，想要成为伟大的演说家，一定要有成功的意愿和决心——这种心理在心理学中被称为“强烈的企图心”。正如“苹果教父”乔布斯一样，他把事业看得比自己的生命更重要，正是源于他对创新和成功的企图心。

成功永远不晚！

我曾在一本书上读过这样一个故事：“曾经有一位庄园的农场主想要招收一个学徒，由于前来报名的人有 20 多个，农场主只好通过比赛的方式最终选出一个人。他说：‘这有一个篮球，每人有 5 次机会，在离篮板 3 米处投篮，谁投中的次数最多，我就收谁为学徒。今天你们先回家好好练习一下吧！明早到这里集合进行比赛。’第二天，令农场主惊讶的是只来了一个人，而且经过测试这个人每次都能投中。农场主很惊讶：‘为什么只有你一个人来？你怎么能次次投中？’这个人的回答简单直白：‘我的母亲病重在家，没有钱治病，我必须帮助家里减轻负担，我告诉自己，我一定要抓住这次机会，我一定要成功！我认真练习了一个晚上，结果我真的成功了！’”

可见，决定一个人命运的终极因素往往不是外部的环境和机遇，而是你自己内心深处是否有成功的决心和足够的渴望，如果你有，即使遇到艰难险阻，也会想办法面对和解决。

当你做出决定的一刹那，其实就已经注定了某种结果，关键就在于你是想成功，还是抱着侥幸心理试试看，如果是前者，潜能就会被激发，并为之采取行动。因为我知道，一个人是否会达成目标，他的渴望有四种程度，第一种是“要”，第二种是“一定要”，第三种是“非要不可”，第四种是“要不到会死”！一个人渴望的程度跟他成功的速度是成正比的。

所以，先不要急着在演说这一领域发展多么迅速。而要先拿出成功的决心来：你肯付出多少？你敢不敢破釜沉舟？如果一时实现不了这个愿望，你敢不敢一直坚持下去？

很多不成功的人都以“能力有限”自嘲，认为自己没演说的潜力。其实不然，人的潜能是无限的——这是每个成功人士的资本，也是每个渴望获得成功的普通人的资本。虽然不同的个体在某种才华的天赋上有一定差距，但在潜能相同的条件下，谁的潜能发挥出来得多，谁就更快速接近成功。

在这个世界上，没有人能剥夺你的天赋和才华，也没有人能抑制你开发自己的潜能，除了你自己！

无论你是做培训，还是去演说，还是其他任何的行业，没有强烈的企图心是难以成功的。

或许你会说，我有梦想！可梦想人人都有，你又凭什么脱颖而出呢？

朋友，从现在开始，唤醒你内心渴望成功的意愿和决心还不算晚！

倘若你和身后团队中的每一个人，都能拥有这样的渴望和决心，并坚持到底，总有一天，你会和成功不期而遇！

偏执狂的奇迹

渐渐地，我明白了“学习”这种投资的真谛。我开始相信，想成为顶级演说家，先要融入演说的圈子，接受听众的建议。

如果说，以前把“成为演说家”作为一个朦胧的目标，经过一段时间的累积，后来的我已经能够将目标细化，变成一步步可以实现的步骤了。

首先，我开始建立个人的使命感和正确的价值观，从而拥有明确的人生目标。我把自己想要达成的结果和过程，分别写在纸上，提醒自己从多个层面着眼，去设计其中的方法，并得到最优化最简单的方案。

其次，我给自己定下的目标，是重新认识自己。通过学习，我发现以前对自己的认识太肤浅了，“失败”“草根”或者“成功”“高层”，只是一种感觉。我需要尽快对自己进行科学理性的分析。

第三，为了让自己能够更有动力，我找到了学习的榜样。其实，对于演说而言，在发展的过程中，不断寻找榜样，既是动力，也是压力，正如同跑步时确定一个追赶的人，能够很好提高自己的速度。而在这个最关键的时刻，如果有贵人的出现，那是至关重要的！你选定的榜样的高度，决定了你未来的高度！

最后是更实际的目标，做计划、时间管理，建立自己目前最卓越的下属团队，以及扩大人际圈子同成功者交朋友。我付出了大量的行动在这些细致目标的实现上。每天，我都把以上这些状况的改变和进步记在笔记本上，并寻找其中自己的优势和劣势，判断自己的目标是否已经实现，是否需要进行调整和修改。

有目标的人生是幸福的，工作也从此变得不再辛苦劳累。

YES！一定能！

有人问我，你真的会成功吗？

我给出的回答是：YES!

我能，一定能！假如我现在不能，那么我就一定要做到！假如我一定要，我就一定能！

“要”是“能”的基础，是“能”的开始。一个企业正如同一个人，从无到有，从小到大。不要指望企业所有的业绩都唾手可得，要知道，每一分的利润，都来自整个企业和团队在市场中的拼搏，这种拼搏离不开领导的决策，也离不开员工的执行。我在无法赚到上千元工资的时候，我所想的，并不是安于现状，承认自己的无能，而是对自己说，一定“要”做到最佳。

假如从一开始，我没有树立起“非要不可”的动力，那么，也自然无法有“非要不可”的行动，最终，也难以走向成功。

“我要”最终变成了“我能”。也只有这样，你才能作为超级演说家，把一群原本对演说不一定感兴趣的听众紧紧团结在自己周围！

梦之翼起飞，踏上演说之路

我常想，我的人生应该和别人不一样。为此，我要付出比别人更多的行动，要与别人的思维模式不一样。因为我坚信，思路决定出路，行为决定结果。我要扩大我的格局，因为，格局决定布局，布局决定结局！

因此，我在演说之路上更加愿意吃苦，别人不愿意说的我主动去说；别人嫌练习讲话太无聊，我就加倍努力练习……慢慢地，有付出就有回报，我的人际关系越来越好，我得到了听众们越来越多的认可。

身边的亲朋好友不止一次问我："您能从一个苦孩子到今天这样的事业和成就，你的成功有没有秘诀？"我的回答是，如果说没有，一定是在骗你，如果说有，其实也不尽然。事实上是，成功的秘诀并不复杂，当你踏上演说之路的那一刻，你的梦之翼就已经起飞，至于结果是中途狠狠地坠落，还是飘向你所期望的目的地，就看你自己的了！

无论哪种事业，成功都意味着思考模式、工作态度、行为方法的改变，尤其对于演说领域来说，成功需要你的改变。

真正的改变来自行动，来自生活和工作内容上发生真切的变化，而不是外在表现——不仅仅是口头上一两句话的表态，也不是给自己的成长模式起一个新的名词。例如，我从摆小摊开始挣钱，但随着我的思路和目标改变，我从个体户变成老板，从老板变成企业家，当我不再为生活而奔波时，我开始思考如何能为社会和别人做出更多的贡献！当我了解到演说家这个行业时，我才知道这个角色可以承载并实现我的终极梦想，于是我开始日思夜想怎样成为一个合格、优秀的演说家，这样，我的行动开始发生改变，我开始不断地将学习付诸现实。

没有改变就没有作为

很多人只有良好的愿望，他们也曾经发生过思想上的改变，然而，当需要把这种思想改变具体落实到行动上时，则变得相当迟钝，甚至无所作为。

没有改变作为，那么，你所期待的结果，也就不会如期而至。好的过程不一定有好的结果，但好的结果，必须源自好的过程。假设一个演说家不明白这样的道理，只会高喊口号，不会深入实际真正从一点一滴的细节去改变，从一个个微小的环节中取得改变，那么，我们将无法想象这样的人会成为一个真材实料的“演说家”。即使有所谓的好结果，也只能是空中楼阁，而无法立足长久。

我作为一个经历过很多苦难的孩子，正是如此，一步步奠定了自己脚下的基础，从不可能做到可能，坚持在一座大城市里立足下来，开始接触新的世界，开始走向美好未来。

在这个过程中，我不仅认识了更广阔的世界，也同样为自己今后成为演说家打下了基础。如果说我今天有一点儿成就，那么，同积极改变和行动，再到追求结果有着密不可分的关系，而我一直相信这样的道理：做任何事，其实都是在做人；学任何知识，都是在悟道。通过做和悟，我们才能更清晰地了解这个世界，了解行业的奥秘，了解真正的商业的规律，更了解你自己。

一个人变成另外一个人都会经历四个过程：知道、悟到、做到、得到！

如果用一句话来概括成功的奥秘，我还是要说：成功需要改变，改变需要行动，行动需要结果，结果需要你自己去创造！

我的快速成功离不开贵人相助

我常常挂在嘴上的三句话是：

第一句，我是一个非常非常幸运的人！

第二句，我是一个非常懂得感恩和报恩的人！

第三句，我是一个浑身上下充满了正能量的人！

每一天，无论我出现在哪里，只要有人出现在我的面前，说任何负面、消极、抱怨的话，我都可以立刻从对方所抱怨的事情上帮助他找到值得感恩的人和事，也就是说我每一天都会像一个太阳一般，无论我出现在哪里，我带给身边人的全部都是正面、积极、乐观、阳光和正能量！

我的人生就是我说出来的！

曾经的我不懂得这个道理，我总是说自己是一个非常幸运的人，和很多人说过这样的话。我一路走来，十多年的社会经历，遇到了很多的朋友，很多的客户，很多的贵人，在他们的帮助和支持之下，我汲取了很多宝贵的经验和教训，少走了很多弯路，成长非常快，收获很大，所以我觉得我是非常幸运的！

在那些给过我帮助和支持的众多贵人当中，我要在此隆重感谢的，是帮助我踏上演说之路，帮助我在演说道路上快速提升的两个人。

第一位是我的恩师，共和国四大演说家之一李燕杰教授！李老是中国演说界泰斗级的人物，一生赢得无数的赞誉和荣耀！桃李满天下！我能够加入师门，成为李老的弟子，真是三生有幸！

第二位是我的好兄弟，好搭档，上官敬丰老师！他是一位优秀的超级演说家！是中国培训界的一颗璀璨新星，无论是人品、能力、格局、使命感、价值观，还是梦想、目标等方面，都是无可挑剔的，因此我们从最初的相识、相知、彼此影响、彼此说服、彼此信任、彼此融合，最终达成共同的合作目标：一起牵手紧密合作 67 年！成为世人合作的典范！在人生百年之际，两位健康快乐的老人，不拄拐杖地站上体育馆的舞台去面对三万人演讲，告诉世人，我们的人生就是我们说出来的！

第二章　人为什么要演说

——你的人生就是你说出来的

许多人问我，你为什么要演说？你究竟是为了什么？

我始终坚信，你的人生就是你说出来的。

世界级的演说大师们之所以各有各的精彩，是因为他们用自己的才华和智慧点亮了整个世界。

而我的人生因为有演说的存在而变得丰富多彩。

在本章，我将用世界上众多超级演说家的例子告诉你们什么才是真实的生活，什么才是真正的智慧。

第一节　你必须学会公众演说的理由

快速建立自信，成就卓越人生

我在刚刚学习演说的时候没有足够的自信。但是当时的演说老师也说，演说最主要的是状态，也就是看我们的演说是不是发自内心的。于是，我倔强地想：“如果我不自信，就当不了超级演说家。”

我在一次演说比赛中获得了第三名的好成绩，那一次我将自信完全释放开了，原来说不好普通话也能够成为一名厉害的演说家，我的大脑从此完全解放了。我告诉自己：我就是演说家。我要成为全球著名的演说大师。

我有幸听过两次世界著名企业家、美籍日裔作家罗伯特·清崎的演说。他的书《富爸爸穷爸爸》销售得非常好。

我去听他的课，他问我们：“请问你们当中有没有人的书畅销 40 多个国家，举起手来。”没有一个人举手，因为我们都没有那么大的影响力。

清崎又问：“那么你们有没有人拥有 5 家上市公司呢？”还是没有人举手，因为我们都还没有用演说成就自己的事业。但我相信，总有一天，我也可以成为他们那样的演说家。

记得罗伯特·清崎说过演说不但要自信，还要具备四种能力：

演说需要具备的四种能力

能力	描述
营销能力	营销能力是所有演说能力中最关键的能力，因为营销能力就是我们的收入，它决定着我为之奋斗的演说事业是成功还是失败
领导能力	只有让更多有梦想、有才干的人与我一起努力奋斗，我的演说事业才有成功的希望，我才能够成为著名的演说家
投资能力	只会挣钱而不会投资就等于没有挣到钱一样，只有当我的钱可以帮助我挣钱和工作的时候，我才是真正的成功者
理财能力	不会理财的创业者不但不能够成功，而且会连累企业中的其他人，财务能力实际上就是管理钱的能力，我们必须具备

演说是一门具有独特魅力的学问，不仅能够帮助我们找到人生的方向和目标，也能够让我们成为财富的拥有者，更能够成就我们卓越的一生。

所以，对于一个人来说，自信是必须学会、掌握并且熟练运用的一种技能。有些人或许会说，这个世界上没有几个人能成为世界顶级的演说家，那些成功者都是非常幸运的。但是我始终相信，我可以做到，我能！如果你也有和我同样的渴望和决心，你也可以做到！

增强个人气场，提高领袖魅力

演说是一个个人的大秀场，因为大多数时候演讲台上只有你一个人在说，所以演说能够帮助你快速打造出个人的强大气场。

一场精彩绝伦的演说，需要我们用强大的个人魅力和能力去支撑，并且用鲜明的个人风格和思想去完成。所有成功的超级演说家都有着自己独树一帜的风格和特点，所以不要试图去模仿任何的演说风格，即使你模仿了别人，你也无法变成别人，反而会丧失自己的风格和优势。

用自己的思想和魅力打造属于自己最强也是最好的气场，会让你更有领袖魅力。

1. 在演说中坚定做自己

演说中我们要坚定地做自己，用自身的热情去影响听众，去改变他们的思维和观念。如此一来，我们才会将自己的风格淋漓尽致地展现出来，并且将自己的演说推向更高的阶梯。

历届美国总统都要有一项非常重要的能力，这就是演说。无论是电视演说还是即兴演说，也无论是长篇演说还是简短演说，总之，美国总统必须会用演说的机会来树立起个人的风格以及魅力，打造出完全属于自我的强大气场。美国总统是年薪制，他们的年薪在 25 万美元左右，其他需要的钱就必须通过个人的演说来募集，这些演说的目的就是要通过总统个人的魅力和演说中所表达出来的理念以及价值观来筹集资金，以便总统可以做一些自己喜欢做的事情，而不至于负债累累。

2. 在生活中不断努力练习

要想通过演说来打造自己的强大气场，我们就必须在平常的日子里不断地努力练习，不能对演说有丝毫的懈怠，必须全力以赴，全身心地投入其中。当我们将演说的内容融入到自己的心中和思想里的时候，我们就可以用在演说台上的一举手一投足，将我们的个人魅力和风格表现得淋漓尽致，让听众在不知不觉的情况下被你的演说吸引，被你这个人吸引，这就是所谓的强大气场。

当你一个人站在演讲台上，所有的人都会静悄悄地听你说。当你用稳定而充满激情的语调说出你的思想和理念，并且带着强烈的个人魅力和风格，将你的认知和人生感悟与所有听众分享的时候，就是你最有风采、最有气场的时候。此时，我们的表现能力和沟通技巧都会帮助我们越来越自信，气场就会在风格、思想以及技巧的综合展现中逐渐形成并且变得越来越强大。

演说是一门综合的艺术，它汇合了一切的个人因素和团队因素，这些因素就是我们演说气场的最终来源，将这些有利的因素充分地利用起来，并且运用得恰到好处是需要经过一段时间的努力和训练的。

虽然说强大的气场需要许多因素的支持，但也不是一件办不到的事情。只要我们能够认识到演说的魅力和能量，抓住每一次演说的机会，将所有的有利因素都尽量地发挥出来，那么你的气场就会逐渐地强大起来。

要想打造出个人的最强气场，就必须学会并学好演说，树立自己的个人魅力和风格，并不是简单地模仿而已。如此一来，站在演说台上的我们就会拥有完全属于自己的强大气场。

把握绝佳时机，助力白手创业

你骂人的时候很擅长演说，抱怨的时候也很擅长演说，但是这种口才是没有任何价值的。看别人争论喋喋不休的时候，自己满嘴评头论足，却不知自我反省，倘若你付出努力练习，你今天是否还会说自己没有口才呢？

没有人天生就很会说话。台上的演说大师也不是一下子就能出口成章，那是他们背后演练了无数次的结果！

正如创业，不是在你资金充足时，而是在你一无所有时。

那演说和创业又有什么关系呢？

1. 演说的力量

首先，我们必须充分地认识到演说的力量，演说在传播你的思想和知识的同时，也会给你带来白手创业的绝好机会。

创业对于每一个人来说都不是轻松而简单的，然而没有人是天生的创业家和演说家，我们都需要后天的努力和勤奋来弥补我们先天的不足。演说给了我们白手创业的机会。我们也要好好地运用这样的机会，来为自己创造出更多的财富和奇迹。

我对我的学员说：“演说是白手起家最快捷的方法。”因为当你学会演说之后，你一定会有一套属于自己的演说，你的演说就是你的能力，而能力则是白手起家的根本。当然，创业不是骗人，不是空手套白狼。好比我在自己的课程中，我传递的一直是也始终是正确的思维、成熟的理论以及成功的方法和失败的教训。在价值上，我想它们是等量的。

如何通过演说创业

演说家	创业之路
安东尼·罗宾	2008 年 1 月 15 日，安东尼·罗宾在上海大舞台举行了声势浩大的演说会，他向所有的人提出了他个人追问了一生的问题：“到底是什么引发了人们生活质量的巨大不同，有些人非常成功，有些人一辈子都非常失败，到底是什么让人成功？”而他用最实际的行动，给出了这个问题最好的答案：在短短 6 个小时的演说中，安东尼·罗宾就为自己和自己的团队创造了 1000 万人民币的收入
唐纳德·特朗普	美国地产大王唐纳德·特朗普是美国特朗普集团的董事长、总裁，特朗普赌场联营公司董事长，以及特朗普大西洋域联营公司董事长。唐纳德·特朗普是一个非常与众不同的企业家，他的最独特之处就是他不仅是一个出色的企业家，更是一个世界级的超级演说大师。在特朗普集团最初建立的时候，唐纳德·特朗普就是凭借着自己出色的演说能力为公司打开了利润的大门，赚到了自己的第一桶金。如今，唐纳德·特朗普的一场演说就能够创造利润 150 万美金
罗杰·道森	世界第一谈判大师罗杰·道森，将谈判上升到一种艺术，他指出世界上 80% 的财富掌握在 20% 的人手中，而 80% 的销售额是由 20% 的销售人员来完成的，这就是 80/20 法则。罗杰·道森在开始创业的时候，就是凭借着出色的口才以及演说能力开始了自己的谈判事业。他将口才和心理学融入自己的谈判中，做到了百分之百成交，成为世界上独一无二的演说兼谈判大师
马修·史维	世界第一催眠大师马修·史维的童年是非常贫困的，他之所以能够白手起家并成为千万富翁，成为人类潜意识调整领域的最高权威，正是因为他过人的口才和人际沟通的演说能力。马修·史维在电视上、秀场上进行公众演说，用自己的催眠术激发出许多人的潜能力，不仅成就了自己的事业，也成就了更多人的事业。世界 500 强企业都视马修·史维为企业销售培训专家，他曾经多次为世界 500 强企业进行培训

（续表）

如何通过演说创业	
演说家	创业之路
约翰·麦斯威尔	世界第一领导力大师约翰·麦斯威尔每年都会为福布斯 500 强企业的董事长以及各个层次的领导者、政府要员等进行演说和培训。公众演说能力和卓越的口才每年都为他的企业和他自身创造出数以亿计的利润。2009 年，约翰·麦斯威尔来到中国上海，为中国企业的领导者注入了最先进的领导力理念。2010 年，约翰·麦斯威尔到中国主要省市进行巡回演说，让更多的中国企业家领略到了这位世界第一领导力大师的风采

2. 白手创业不是梦

无论是中国的超级演说家，还是世界级的超级演说家，大多数人都有过一穷二白的日子，他们人生中的转折都是来自公众演说。所以，学会了公众演说绝对是创业并拥有财富的快捷途径。

公众演说能力是一种至关重要的生存技能。当然，没有人是天生的公众演说家，不过，通过后天的努力和训练，大部分人都可以拥有超群的公众演说能力。卓越的公众演说能力不仅能给你提供从人群中脱颖而出的机会，而且会逐步成为你人际关系中非常重要的一个环节。通过公众演说，我们会得到千载难逢的白手创业的机会，并可以从中获得更多的人力、物力资源以及自我实现价值的空间。

公众演说对于每个工薪阶层的人来说，都是一项有着非凡意义的能力，它不仅能让你在职场中所向披靡，而且会为你的职业前途打下坚实而可靠的基础，并且开创出绝好的白手创业的契机。公众演说可以让看起来很复杂、很艰难的白手创业，变得非常简单可行。公众演说对于每个人来说，都是一个人生的制高点，如果你不好好把握住这个制高点，那么很有可能会被后来者所超越，失去你人生中向上的机会。

当你能够自信满满地在公众的面前发表演说的时候，你就已经比其他人更早地占领了有利的先机，而这个机会可以让你出人头地，让你获得理想中的人生和生活。实际上，公众演说是一种非常重要的自我宣传，我们用公众演说的方法来向更多的人显示我们的才能和智慧，让更多的人懂得我们的理念和思想。如此一来，白手创业的机会也会自然而然地来到我们的身边。这个时候我们要做的，就是抓牢每一次白手创业的机会，让自己的财富和声望越来越多、越来越好。

因此，我们要抓住每一次公众演说的机会，不要害怕、不要恐惧，即使在刚开始的时候没有半点儿演说技巧，我们也要在公众的面前发出自己的声音，为自己的白手创业制造机会！

吸引合作伙伴，做好市场营销

演说是吸引合作伙伴和顶尖人才的一种快速有效的方法。

传统的招聘方式都是静态的，而演说是动态的。演说家将企业的发展理念以及个人的成长经历都展现给听众，这些动态的信息自然会吸引更多、更优秀的合作伙伴和人才来到你的身边，与你一起为共同的事业而努力奋斗。

如果作为一名企业家竟然不会演说，那么就注定会失去许多的人才，失去许多的客户。不会演说的企业家不仅会损失打造个人品牌的有利时机，更加会损失打造企业文化和形象的机会。如此一来，个人和企业的影响力就会下降，企业在市场中的竞争力也会随之下降，企业的前途就会受到不良的影响。

由此可见，演说对于一名企业家来说是多么重要，所以要想成为一名出色的企业家就必须学会演说，你演说能力的强弱与企业发展前景的好坏有着不可分割的关联。简单地说，企业家要用演说来介绍自己企业的文化、实力、整体的价值观以及公司的未来战略，这些内容必须从企业老板的口中亲自说出，这样才会达到最佳的效果。

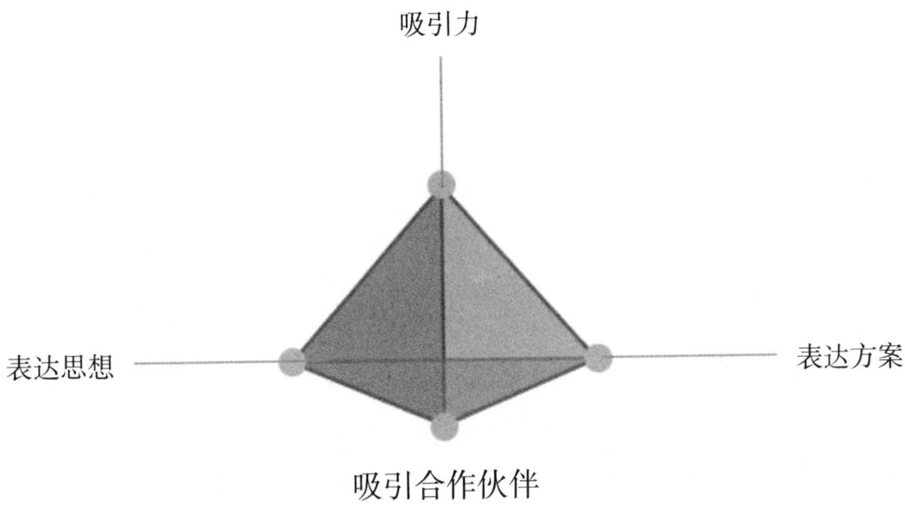

1. 清楚表达你的思想

我们在演说的时候会将自己的思想和理念融入其中，并且将个人的经历、未来的打算和工作方式等信息都融入自己的演说中。我在演说中就会说出自己对于工作的下一步打算，所以演说之后就会有志同道合的人找到我，想要加入我的团队，与我一起奋斗。还有的人知道我有出书的打算，就找到我要求合作出版。因此，演说就可以吸引人，吸引那些和我们有共同的理想和信念的优秀人才以及合作伙伴。

我的演说首先是吸引那些和我有着共同目标的人，我们的目标一致就说明我们是可以在一起共事的。阿里巴巴集团的主要创始人之一马云就用演说吸引了无数优秀的人才。马云曾经到美国的哈佛大学演说。哈佛大学可是卧虎藏龙之地，马云要在这个舞台上展现出自己最优秀的一面，应该如何脱颖而出呢？他讲了他的企业，讲了他个人的成长，讲了他心中最大的目标就是要超越沃尔玛，还讲了他如何进入世界500强的故事。

马云的演说在哈佛大学收到了非常好的效果，有许多哈佛大学的学生表示希望能够加入马云的阿里巴巴集团，为了他们共同的目标而贡献出自己的聪明才智。还有一些美国的投资人也找到马云，希望成为他的合作伙伴。马云在哈佛大学的演说是非常成功的，因为他不仅秀出了自我优秀的个人魅力，更将阿里巴巴集团的企业形象有效而真实地树立了起来。

2. 清楚表达你的方案

要想用演说来吸引合作伙伴和优秀人才，就需要在演说中将你未来的方案、你的方向和梦想、你的创新和目标全部清楚地表述出来。真实的创新和目标才是最吸引人的地方，每一个人都有属于自己的梦想和追求，人才都是一些拥有大梦想的人，所以这些才是演说最能够吸引人的地方。

演说是吸引优秀人才和合作伙伴的一种很好的方式，演说不但可以将企业的未来、企业家的个人魅力完全准确地展现在听众面前，而且还让可能的合作伙伴看到企业的价值和发展空间，也让出类拔萃的人才了解企业、熟悉企业、热爱企业。

演说是一个非常好的开始，演说在企业家、企业、合作伙伴、人才四者之间搭建起一个有效沟通的平台，让各个方面的人都能在这个平台上进行平等的交流与合作，进而促进企业的发展和完善，并且将有利于企业的合作伙伴和人才都吸引到企业的旗下。所以，企业家必须是一个演说大师，因为演说可以帮助企业少走弯路，为企业得到更好的人才，为企业开拓更美好的未来。

美国苹果公司的联合创始人史蒂夫·乔布斯就是一个非常成功的例子。美国苹果公司每一季的新品发布会都是由乔布斯做演说，乔布斯将演说内容做成 PPT，直观而透彻地为听众讲解新产品的性能和使用方法。这样一来，通过乔布斯的演说，美国苹果公司的市场营销能力得到了加强，将产品销售到全世界几十个国家和地区，从而建立起无人匹敌的苹果帝国。

3. 演说的吸引力

企业要想发展大客户，就要懂得有效地吸引客户，而演说就是吸引客户的一种很好方式。演说可以将企业的思想、魅力以及营销模式都展示给客户，不仅让客户一目了然地明白企业的商业价值，也为企业日后的市场营销打开了一扇通往成功的大门。

传统的营销方式是一对一的，而用演说来做营销是一对多的。因此，演说的营销方式更加快捷实用，并且效果更加显著。

总之，演说的魅力和能量不仅仅作用于个人的事业，演说更是企业生存和发展不可或缺的武器和能力。演说不但是市场中的锋利武器，更是企业加强市场竞争力的有力法宝。当你深信自己已经是一名出色的超级演说家的时候，就是你功成名就的时候！

演说市场分析，践行人生使命

听懂了才会真正去做，在没听懂之前，你都只是听到而已，并没有听懂。

人活着，就应该有使命感！

什么是使命？简单来说就是人不会无缘无故来到这个地球，每一个人都是带着上天给他的任务来到这个地球上的，只是大部分人并没有想过他这辈子来到地球要完成什么任务。

我的人生使命就是：打开 100 万中国人公众演说的开关！帮助更多需要帮助却得不到帮助的人改变命运！用演说颠覆行业！用演说改变命运！用演说征服世界！

演说的市场到底有多么庞大呢？

演说市场分析的四个步骤：知道→悟到→做到→得到

中国人口（包括大陆、香港、澳门、台湾）加起来应该有大约 14 亿人。

1. 第一步：知道有多少人需要听公众演说

那么这 14 亿人中有多少人需要听公众演说呢？

根据二八法则来计算，至少应该有 20% 的人需要，也就是说有将近 3 亿人需要听演讲，同时，每一个领域都需要优秀的演说家！比如俞敏洪、马云、王健林、何炅、汪涵都是各自领域里优秀的演说家！

2. 第二步：悟到你所在的领域有没有顶尖演说家

这个社会到底一共有多少个领域？过去我们讲三百六十行，行行出状元！而现在的社会肯定有超过一千行。既然有这么多行业，都有哪些领域需要演说家呢？市场分析如下：

- 销售领域；
- 领导力领域；
- 国学领域；
- 公众演说领域；
- 行销领域；
- 如何建立品牌的领域；
- 健康领域；
- 养生领域；
- 谈判领域；
- 两性关系领域；
- 情绪管理领域；
- 潜能激发领域；
- 团队管理领域；
- 身心灵修炼领域；
- 餐饮连锁领域；
- 投资领域；
- 理财领域；
- 保险领域；

- 直销领域；
- 微商领域；
- 幼儿教育领域；
- 未成年人教育领域；
- 法律培训领域；
- 职业技能培训领域；

……

仔细想一想，现在你所在的领域，有没有顶尖的演说家？如果有的话有多少呢？

3. 第三步：做到一名顶尖演说家应该做到的事

设想，如果你能够成为一个顶尖的演说家，首先要全力以赴学习、认真准备，并且坚持 5 到 10 年，用来提升自己公众演说的能力，10 年后你即将成为一名非常优秀的顶尖演说家！

4. 第四步：得到一名顶尖演说家应有的回报

如果你能做到并且坚持，那么你的每一场演说至少可以面对 500 人以上演讲！一周 7 天你至少可以演讲 5 场，一年你就可以演讲 250 场。

世界第一潜能激发大师安东尼·罗宾老师是培训界顶尖的导师！安东尼·罗宾老师之所以那么伟大，是因为他一天可以演讲 3 场，一周可以演讲 21 场，一年可以讲 1000 场；世界第一领导力大师约翰·麦斯威尔老师，目前为止演讲场次也已经超过了 13 000 场，累计面对超过千万人演讲。

我们来算一笔账，一周演讲 5 场，一年 50 个星期，每场面对 500 人演讲，5×50×500=125 000，也就是说一年你可以面对 125 000 人进行演讲。

如果你计划连续演讲 20 年呢？ 125 000×20=2 500 000。

用3亿人除以250万人，300 000 000 ÷ 2 500 000=120。

这代表每个领域需要至少120个顶尖的演说家才能满足中国这个庞大的市场。

即使某个领域已经有了某个很著名的老师，而且他非常厉害，但是除了他之外还差119个演说家！换言之，中国的市场基本上你这一辈子都讲不完！你即使不眠不休地讲20年，也只能够帮助并影响一小部分人，因为有3亿人需要听演说，而且这3亿人中，每个月都有人加入学员的行列，每个月都有人退休或离开这个行业，就好像每天都有人出生、每天都有人死亡、每天都有人谈恋爱、每天都有人分手一样！

可见，中国的市场实在是太庞大了！更不要说全球华人市场了！如果你可以每年面对125 000人演讲，那你的人生会是什么样子呢？

任何一个人，专注在一个特定的领域，一年得其要领，3年小有所成，5年成为专家，10年成为权威，15年成为世界顶尖！因为没有一个人可以是全才，你见过一个医生既能看眼睛，又能看牙齿，又能看内科，又能看妇科，又能看小儿科，还能当兽医吗？当然没有这样的医生。

所以，每个人，都只能在他那个特定的领域有所成就。如果你能专注在你那个特定的领域学习5到10年，成为你那个领域的权威，到时你跟那每年的125 000人演讲，假设每个人只收500元学费，125 000 × 500=62 500 000元，那如果你持续演讲20年呢？

62 500 000 × 20=12.5亿。

中国的演讲市场太庞大了！你光是学会演说，专注在一个领域，持续成长，基本上你人生的目标和梦想就都可以完成了！而且你还可以有巨大的贡献！

今天，你已经知道了这个道理，看懂了学会公众演说可以带来的好处和重要性，如果你决定现在就开始行动并坚持下去，5 到 10 年后你的人生终将卓越无比！当然，只有你悟到了才能做到！做到了才会得到！但是如果你只是听到的话，就不容易悟到，你也不会去做，就更不会得到！

第二节　那些征服世界的“超级演说大师”

让听众更勇敢的“无腿超人”演说

约翰·库缇斯来自澳大利亚，是世界上独一无二的“无腿超人”——出生的时候就双腿畸形，属于先天性残障人士。但与此同时，他更是值得世人尊敬、钦佩的演说大师。

他最有力的名言就是：“100 次摔倒，可以 101 次站起来；1000 次摔倒，可以 1001 次站起来。摔倒多少次没有关系，关键是最后你有没有站起来。”

约翰·库缇斯的命运是因为一次偶然的公开演说而改变的——

别对自己说不可能

每个人都有残疾，我的残疾你们能看到，那你们的残疾呢？在你们的眼中我是一个残疾人。但是我不是残疾人，真正的残疾人不是肢体上的，而是思想上的，你们埋怨、责怪、自卑、愤怒、恐惧，这才是真正的残疾。你们的残疾看不见，我的残疾看得见，但是我只是活得跟你们不一样而已。你们都可以看到我的残疾，那么，你们的残疾是什么呢？世界上的每一个人都有自己的残疾，请问你们的残疾是什么呢？我出生的那一天，医生就告诉我的父母，我一定会马上死去。他们告诉我的父母说我不可能活过当天，他们建议我的父母立即为我准备葬礼。我的父母真的为我买了棺材，买了墓地，甚至还准备了我的衣服。我活过了一天之后，他们又说我不可能活过一个星期；我又活过了一个星期，他们又说我不可能活过一个月；我又活过了一个月，他们又说我不可能活过一年……但30年后，35年后我依然健在，而且自由自在地周游世界。

当我进入小学后，便开始了一段非常不一样的时光。第一个星期，我每天在校园里被一大帮孩子赶来赶去。有一次，他们抓到我之后把我的手从后面绑住，用胶布粘上我的嘴，扔到了垃圾桶里。接着，他们把垃圾桶点着了火，我被死死困在里面，烟雾和热量让我受不了！我大喊："快来人啊，救救我！不管是谁，如果有上帝的话，一定来救救我吧！为什么我要这样死去？"

突然，盖子被揭开，烟雾冲了出去。一位女老师救了我，她身上的衣服立即着了火，几分钟工夫，整个垃圾桶也被彻底烧毁。那天，我能活下来真的很幸运。这也是我一生中第一次意识到不是每个孩子的父母都像我的父母这样负责任。从此，学校因为这件事而开始特别关注我的安全，我也就顺利进入了中学。

中学里共有1700名同学，对我来说，我只能看到3400条腿和我的一双手臂一起在校园里走来走去。我必须在那么多条腿的中间躲来躲去，不过也有好处，那就是我一抬头就会看到女孩子的裙子。

一次录像课，突然我的肚子很疼，一定要去上厕所。黑暗中，我摸索着走到教室外面，我的两只手掌心上分别扎了五六个图钉，原来那些捣蛋的孩子趁黑在我的座位边上撒满了图钉！我去学校的医务室把图钉拔了出来，回家后，我把自己关在卧室里放声大哭。弟弟来看我，我跟弟弟说我准备自杀，他说现在就去帮我拿一把枪。他这句话让我一下意识到原来我是一个幸运的人，我有什么资格在这里抱怨，只不过手上有几个图钉而已，而我的好朋友凯尼连离开自己的轮椅都做不到，连问候一声“你好”都做不到。

弟弟离开房间之后，我的妈妈来了。她紧紧地抱着我，我能感觉到她的心跳。她说：“约翰，你是我生命中最最美好的一切！”然后，她吻了我一下就离开了房间。后来我被我爸爸一阵阵的敲门声惊醒，他一下子跳到我的床上把我拎起来再摔倒，然后他用粗壮的胳膊紧紧地夹住我，差一点儿夹成两半。他看着我说：“儿子，答应我一件事，永远永远不要学那些坏孩子，你要做一个榜样，让他们向你学！”

终于，第二天我又再次鼓足勇气回到了学校。

还有几件事发生了，譬如说我有一次被他们锁进柜子里，还有一次被他们绑在转动的风扇上。但最大的一件事发生在15岁那年，当时我与280多名学生一起在学校的大礼堂考试，我那两条畸形的、没有知觉的腿只能甩在座位后面。考完试，我跟其他人一样走到了门口，几个女孩子跟我说：“约翰，你的腿怎么一塌糊涂？”我把两条腿举到前面，简直不敢相信自己的眼睛。考试的时候，被调皮的孩子用铅笔刀割得一塌糊涂，甚至还插上了钢笔，血流得到处都是。捡起被他们割断的脚趾头，我一步一步地挪到医务室，后来我又被送到了大医院。我那天回家后就找到父母，跟他们说：“看来我们必须做出一个决定。”所以1987年的那一天我去医院做了截肢手术，到今天我也认为这是我一生中做出的最好决定之一。

截肢手术让我身体的平衡跟以前不一样了，我必须重新学习走路、走楼梯，甚至上厕所。不过这些对我来说不是问题，只是挑战而已——我根本不相信有问题，我只相信有挑战。唯一让问题消失的方法就是把它们变成挑战，并积极地面对。不管面前是什么样的挑战，我都用我的方法积极地冲向它。我实在记不起自己当时站了多少次又摔倒了多少次，我只知道如果摔倒10次那么第11次一定要站起来，50次摔倒那么51次要站起来，如果100次摔倒那么该死的101次再站起来！

我在医院里开始思索人生路到底要怎样走。我拿起纸和笔把人生目标一一写了下来，其中一个目标就是要尽快地获得驾驶执照，我也想跟别人一样开车。我对自己说如果他们可以开汽车，我也一样能。

当我第一次在路上开车，真的为自己感到自豪。因为活了那么久，我一直被别人甩在后面，永远落后别人二三十步，即使一起去吃饭，我也是最后一个走进餐厅。下雨的时候，我是最后一个才知道。当然，如果有人放屁，我第一个就知道。

我今天很高兴来到这里，在座有这么多人，如果我能成功地激发在座的每一个人，这就是我成功的一天。

激发我的人首先是我的父亲母亲，如果没有他们，我不敢想象我现在会在做什么，他们真正给了我生命。我生命中还有两个最重要的动力的来源，就是我的妻子和儿子。

各位，财富不是通过你口袋里的钱多钱少来衡量的，财富也不是看你银行存折上的数字。如果你们能看到我的心，你们就会知道我是一个超级的亿万富翁。

各位，每一天都会成为你生命中最美好的一天，不管你觉得自己是多么不幸，世界上永远还有人比你更加不幸；不管你觉得自己是多么了不起，这个世界上永远还有人比你更加强大。我想跟各位说的是，如果我都可以做到，或者说如果我们都可以做到，为什么你不可以呢？如果我可以做到，那么你也可以做到！你也可以做到！你也可以！请记住别对自己说不可能！谢谢！

约翰·库缇斯的这一番演说，让我心里有说不出来的感受——既感受到了有生以来最大的震撼，也感到了内心深处深深的惭愧。

这也让我明白了一个非常浅显的道理：凡事不要找借口，一切皆有可能！

传递成功信念的乔·吉拉德

在35岁之前，乔·吉拉德是一个人生的失败者，他在走投无路的情况下做了一名汽车销售员。在上班的第一天，他就卖掉了一辆汽车。最终，他通过自己的努力和卓越的演说能力，成为全美最著名的汽车销售员，他创下的销售纪录至今无人超越。他在15年的时间里一共销售了13 001辆汽车。他在退休之后，就开始了他的全球巡回演说，目的很简单，就是要告诉大家："你和我一样，都能够获得同样的成功。"

挑战"我"，超越"我"

今天我的演说就是要告诉大家如何赚钱，但是请记得要赚钱的话你必须独立、完全地靠自己。我所有的演说都已经一次一次地被证明是有效的。我不会告诉大家任何别人会告诉你的事情，但是请仔细听，你现在听到的是销售之神对你面对面的传授。今天，我会像一个父亲一样对你进行演说。有一些事情可能不见得非常正确，但是如果你想要成功，请照我的方法做。现在我们开始工作。

很多人都问我，乔·吉拉德你成功的秘密到底是什么呢？没有秘密，成功绝对没有捷径。我的名片上永远都写着这些话。今天我会告诉大家如何一步一步取得成功。

首先，我要告诉你们一些事情，可能你们不是非常喜欢听到，但是你们听了之后一定会很震撼。你们可能在销售一些东西的时候，顺便又销售了一些其他的东西。所以，比如说你们只是销售安利的产品，不要在销售安利的时候还销售别的产品。也不要下午 6 点钟下班，结果 5 点 15 分你们就偷偷摸摸地溜了。如果这样做了你们就是真正的失败者。我只要工作到 6 点，但是每天我都至少工作到 7 点钟。也不要去吃个午餐一吃就是两个半钟头，聊天聊了半天才偷偷溜回办公室。这样的话一直都没有产值，到最后得到的仍然是零。我太太经常给我带的午餐是两个三明治，我想看看大家是如何遵守自己的诺言。

我从来不跟我的同事一起吃饭，如果我可以销售给你东西，那我一定会跟你吃午餐，所以每个人都非常喜欢我。当我真的不在意你是否喜欢我的时候，我只要能够销售，如果你不能卖给我任何的东西，我也不能卖给你。过一会儿我会告诉你我跟什么样的人吃午餐，我只跟能够帮助我的人一起吃午餐。

在销售汽车以前，我是一个专门盖房子的，我盖了 13 年。但是因为我没有专注，所以我最后负债数百万美金。最后，银行跑来查封了我的房子。他们把我的车子和我太太的车子全部都查封了。所以，我已经身无分文。

我的太太走过来跟我说：乔，糟糕了，这下我们家里连吃的东西都没有了，怎么来喂我们的小孩呢？我太太受不了了，就打了我一拳。天啊，我只好离家出走了，那个时候是 1 月份，正在下大雪。所以，我只好搭公车了。我根本就不知道去哪里好。最后，到了公车总站大家都下车了，我只好跟着下车。

下车后我对面正好有一个很大的汽车销售公司。所以，我就走了进去，我要求见经理。我告诉他我想卖车，他问，你以前卖过汽车吗？我说我没有卖过汽车，但是我卖过房子。他说让我7月再回来，现在下大雪根本没有生意。他还有8个销售人员要养，假如要多养一个那些人会怪他的。

最后我告诉这个老板，如果你真的雇用我，我只需要一个桌子和电话，两个月之内我一定会成为世界上最棒的销售人员。他说你疯了吧，我说我不是疯我只是饿坏了。

他们一直笑我，我喜欢人们嘲笑我的时刻。因为他们正在挑战我，这让我更有自信。我开始打电话了，我让所有的顾客都知道我开始卖车了。我那些顾客、那些朋友都开始笑我，说乔你现在为什么不卖房子开始卖车了呢？

他们持续地嘲笑我，我只想到家里的太太、小孩都没有东西吃。那天晚上，下班时间是9点。到8点15分的时候，我非常累，因为我打了一整天的电话。我非常惊讶，我刚刚讲过失败者都提前下班，所以8点15分其他人都跑光光了。我非常高兴他们都离开了。我的生命就是因为有这么多的失败者让我越来越成功。

请打开门吧！我看到办公室的大门突然就有一位顾客走进来。那个顾客在我看起来就像带着非常可口的食物。好，那个食物赶快来，我的家人饿死了，快点儿来吧，走近一点儿。跟顾客讲了一个半钟头的话，那位顾客买了一辆车。我卖给他汽车之后，他说他买过非常非常多的东西，从来没有一位销售人员像我这样子地求他。

我经常求人，在我求人的时候大家都一直笑话我。没有关系，尽管笑吧，那些笑我的人现在都在工作，而我现在已经退休了。买辆车吧，拜托拜托，可以吗？这位先生说OK啊，他买了。我家人真的很想要食物吃啊，可以买东西吗？客户一般都会说没有问题。

我告诉我的老板你只要给我10元钱，因为我要带点儿食物回家。他说你必须等两个星期才能有你的第一张支票。所以，我就开始求老板，一直求，最后老板只得从口袋里掏10元钱出来。最后我就拿着10元钱赶快去买两袋食物。我回家告诉我的太太，这将是我最后没有钱的时候，我很抱歉我今天只带了两袋食物回家，但是我相信这将会是你最后一天挨饿。我告诉我的太太，当我卖完车的时候，我全身都发抖，她说该不会是你病了吧，我说我没有生病。

第二天早上，我就告诉全世界我来了，我打开我的房门告诉全世界我现在要开始登上我的高峰。我就看见眼前的高峰就像赛马一样，因为赛马永远只能看着前面。我现在要登上我人生的高峰，我要一步一步爬到山顶。我永远不让人们再笑我了。过了三年之后，因为我一直都很专注，我成为全世界销售汽车第一名。

这是乔·吉拉德某次演说的节选。不可否认，他是一个站在世界巅峰的人，他用自己的演说让听众和他一起领略成功的甜美。

从他的演说中，我们不难发现，每个人都应该对自己的工作抱有坚定的信念，无论你从事什么行业，热爱工作的同时相信自己是“最好的”，你才会成为“最好的”！

为自由而演说的“南非斗士”曼德拉

1918年7月18日曼德拉出生于南非特兰斯凯，1994年至1999年间任南非总统，是南非的首位黑人总统，被尊称为南非国父。

在任职总统前，曼德拉是非洲国民大会的武装组织“民族之矛”的领袖，同时他是积极的反种族隔离人士。为此，他坐了27年的冤狱。

他在为民族、为人类自由而战的过程中，就是以自己卓越的演说口才为武器，一次次驱散了黑暗的阴霾，最终受到了全世界人们的赞许和尊敬！

以下是曼德拉在1994年就职南非总统时的演说。

女王陛下，王子殿下，尊贵的嘉宾、同胞们、朋友们：

今天，我们会聚于此，与我国和世界其他地方前来庆贺的人士一起，对新生的自由赋予光辉和希望。

这异常的人类悲剧太过漫长了，这经验孕育出一个令全人类引以为豪的社会。作为南非的一介平民，我们日常的一举一动，都要为南非创造现实条件，去巩固人类对正义的信念，增强人类对心灵深处高尚品德的信心，以及让所有人保持对美好生活的期望。

对我的同胞，我可以毫不犹豫地说，我们每一个人都跟这美丽祖国的大地亲密地牢不可分，就如红木树之于比勒陀利亚，含羞草之于灌木林。我们对这共同的家乡在精神上和肉体上有共同的感觉，当目睹国家因可怕的冲突而变得四分五裂，遭全球人民唾弃、孤立，特别是它成为恶毒的意识形态时，我们的内心是如此痛苦。

我们南非人民，对全人类将我们再度纳入怀抱，感到非常高兴。不久之前，我们还遭全世界摒弃，而现在却能在自己的土地上，招待各国的嘉宾。我们非常感谢我国广大人民，以及各方民主政治、宗教、教育、青年、商业及其他方面领袖所做的贡献，使我们取得了上述的成就。特别功不可没的，是我的第二副总统——德克勒克先生。

治愈创伤的时候已经来临。消除分隔我们的鸿沟的时刻已经来临，创建的时机就在眼前。

我们终于取得了政治解放。我们承诺，会将依然陷于贫穷、剥削、苦难，受着性别及其他歧视的国人解放出来。

我们已成功地让我们千千万万的国人心中燃起希望。我们立下誓约，要建立一个让所有南非人，不论是黑人还是白人，都可以昂首阔步的社会。他们心中不再有恐惧，他们可以肯定自己拥有不可剥夺的人类尊严——这是一个在国内及与其他各国之间都保持和平的美好国度。

作为我国致力更新的证明，新的全国统一过渡政府的当务之急是处理目前在狱中服刑囚犯的特赦问题。

我们将今天献给为我们的自由而献出生命和做出牺牲的我国以至世界其他地方的英雄。他们的理想现已成真，自由就是他们的报酬。

作为一个统一、民主、非种族主义和非性别主义的南非首任总统，负责带领国家脱离黑暗的深谷。我们怀着既谦恭又欣喜的心情接受你们给予我们的这份荣誉与权利。

我们深信，自由之路从来都不易走。我们很清楚，没有任何一个人可以单独取得成功。

因此，为了全国和解，建设国家，为了一个新世界的诞生，我们必须团结成为一个民族，共同行动。

让所有人得享正义。让所有人得享和平。让所有人得享工作、面包、水、盐分。让每个人都明白，每个人的身体、思想和灵魂都获得了解放，从属于自己。这片美丽的土地永远、永远、永远不会再经历人对人的压迫，以及遭全球唾弃的屈辱。对于如此光辉的成就，太阳永不会停止照耀。

让自由战胜一切。愿上帝保佑南非！

在演说中，曼德拉用平和坚定的语气向所有听众和全世界人民宣布：**南非终将迎来自由，尽管经历了漫长的灾难，但所有南非人要用自己平时的一举一动去加强人类对道义、正义的信念，总有一天，南非会成为让南非人引以为傲的社会。**

曼德拉的整个演说风格都奔放深沉，有风起云涌之势，让人意气风发，也充满了自信。这就是世界顶级演说大师的魅力所在！

乔布斯激情演说将苹果推向世界

有“苹果教父”之称的史蒂夫·乔布斯是美国苹果公司的联合创办人、前执行总裁。他经历了苹果帝国的转型期，也见证了苹果公司几十年的沉浮和荣耀。

史蒂夫·乔布斯用他的智慧和创新改变了世人的生活，更是用他无与伦比的激情演说将苹果公司打造成一个“电子产品商业帝国”。

2005年，乔布斯在美国斯坦福大学的毕业典礼上有一次堪称经典的演说，以下为演说的节选：

我今天很荣幸能和你们一起参加毕业典礼，斯坦福大学是世界上最好的大学之一。我从来没有从大学中毕业。说实话，今天也许是在我的生命中离大学毕业最近的一天了。

当我年轻的时候，有一本叫作《全球概览》的杂志，它是我们那一代人的“圣经”之一。它是一个叫斯图尔特·布兰德的家伙在离这里不远的门罗帕克市编辑的，他像诗一般神奇地将这本书带到了这个世界。那是20世纪60年代后期，在个人电脑出现之前，所以这本书全部是用打字机、剪刀还有拍立得相机做出来的。有点儿像用软皮包装的谷歌，在谷歌出现35年之前，它的内容是理想主义的，其中有许多灵巧的工具和伟大的想法。

斯图尔特和他的伙伴出版了几期的《全球概览》，当它完成了自己使命的时候，他们做出了最后一期停刊号。那是在20世纪70年代的中期，我也正是你们的年纪。在最后一期的封底上是清晨乡村公路的照片（如果你有冒险精神的话，你可以自己找到这条路的），在照片之下有这样一段话："求知若饥，虚心若愚。"这是他们停止了发刊的告别语。"求知若饥，虚心若愚。"我总是希望自己能够那样。现在，在你们即将毕业，开始新的旅程的时候，我也希望你们能这样：求知若饥，虚心若愚。

非常感谢你们。

乔布斯在演说中展现了一个成熟企业家的风范和形象，让听众清楚地知道了他成功的原因，以及他对成功的诠释和态度。可以说，乔布斯每一次的演说都将苹果公司推到全新的高度，这就是演说家的力量和魅力！

马云征服世界的演说

阿里巴巴集团主要创始人之一马云是一个用自己的演说征服世界的优秀企业家。

马云的演说风格语言幽默风趣，节奏明快，用词准确，并且能够精准地抓住听众的心，让听众在不知不觉中被他带到他创造的神奇演说世界中。

以下是马云首次登陆雅虎所发表的演说全文：

今天是我第一次和雅虎的朋友们面对面交流。我希望把我成功的经验和大家分享，尽管我认为你们其中的绝大多数勤劳聪明的人都无法从中获益，但我坚信，一定有个别懒得去判断我讲的是否正确就效仿的人，可以获益匪浅。

让我们开启今天的话题吧！

世界上很多非常聪明并且受过高等教育的人，无法成功。就是因为他们从小就受到了错误的教育，他们养成了勤劳的“恶习”。很多人都还记得爱迪生说的那句话吧：天才就是99%的汗水加上1%的灵感。并且被这句话误导了一生。勤勤恳恳地奋斗，最终却碌碌无为。其实爱迪生是因为懒得想他成功的真正原因，所以就编了这句话来误导我们。

很多人可能认为我是在胡说八道，好，让我用100个例子来证实你们的错误吧！事实胜于雄辩。

世界上最富有的人，比尔·盖茨，他是个程序员，懒得读书，他就退学了。他又懒得记那些复杂的命令，于是，他就编了个图形的界面程序，叫什么来着？Windows。于是，全世界的电脑都长着相同的脸，而他也成了世界首富。

世界上最值钱的品牌，可口可乐，它的老板更懒，尽管中国的茶文化历史悠久，巴西的咖啡香味浓郁，但他实在太懒了。弄点糖精加上凉水，装瓶就卖。于是全世界有人的地方，大家都在喝那种像血一样的液体。

世界上最好的足球运动员，罗纳尔多，他在场上连动都懒得动，就在对方的门前站着。等球砸到他的时候，踢一脚。这就是全世界身价最高的运动员了。有的人说，他带球的速度惊人，那是废话，别人一场跑 90 分钟，他就跑 15 秒，当然要快些了。

世界上最厉害的餐饮企业，麦当劳，它的老板也是懒得出奇，懒得学习法国大餐的精美，懒得掌握中餐的复杂技巧，于是弄两片破面包夹块牛肉就卖，结果全世界都能看到那个 M 的标志。

必胜客的老板，懒得把馅饼的馅装进去，直接撒在发面饼上边就卖，结果大家管那叫比萨，比 10 张馅饼还贵。

还有更聪明的懒人：

懒得爬楼，于是他们发明了电梯；

懒得走路，于是他们制造出汽车、火车和飞机；

懒得一个一个地杀人，于是他们发明了原子弹；

懒得每次去计算，于是他们发明了数学公式；

懒得出去听音乐会，于是他们发明了唱片、磁带和 CD。

这样的例子太多了，我都懒得再说了。

还有那句废话也要提一下，生命在于运动，你见过哪个运动员长寿了？世界上最长寿的人还不是那些连肉都懒得吃的和尚？

如果没有这些懒人，我们现在生活在什么样的环境里，我都懒得想！人是这样，动物也如此。世界上最长寿的动物叫乌龟，它们一辈子几乎不怎么动，就趴在那里，结果能活一千年。它们懒得走，但和勤劳好动的兔子赛跑，谁赢了？牛最勤劳，结果人们给它吃草，却还要挤它的奶。熊猫更懒，什么也不干，抱着根竹子能啃一天，人们亲昵地称它为“国宝”。

回到我们的工作中，看看你公司里每天最早来最晚走，一天像发条一样忙个不停的人，他是不是工资最低的？那个每天游手好闲、没事就发呆的家伙，是不是工资最高？据说还有不少公司的股票呢！

我以上所举的例子，只是想说明一个问题，这个世界实际上是靠懒人来支撑的。世界如此精彩都是拜懒人所赐。现在你应该知道你不成功的主要原因了吧！

懒不是傻懒，如果你想少干，就要想出懒的方法。要懒出风格，懒出境界。像我从小就懒，后来懒的时间长了就长了一身肉，这就是境界。

马云就是这样一位敢说敢做的企业家，他在创业初期，不顾一切辞掉了高校教师的身份，投身到互联网事业中。他通过演说将自己的思想传达给听众，通过演说奠定了阿里巴巴集团的坚实基础，更通过演说获得了世界的认同，征服了全世界！

把演说当成人生必修课的柳传志

柳传志是中国改革开放以来最具有代表性的人物之一，他的传奇人生几乎成为一个时代的缩影。

《财富》杂志称柳传志为“亚洲最佳商业人士”。**他用朴实无华的语言进行演说，他用他的亲身经历告诉听众，要如何拥有财富，如何把握时代给予的发展机遇。**

以下是他在北京大学国际 MBA 高级经理班上的演说节选：

怎样当一个好总裁

联想的管理法则听上去非常简单，但实际贯彻起来却对管理者有着相当高的要求。

总裁在企业里一般都要做两件事，第一个是制定战略，并设计实行战略的战术步骤。第二个是带好员工队伍，让你的队伍有能力按照这个战略目标去实施。这两件事做好了，企业就能向好处发展。但在做这两件事情之前，还有一件更重要的事要办，就是建班子。企业必须有一个好的领导班子，否则你把事情布置下去之后，后面的人未必照你的意思去做。有了好的班子才能群策群力，同时对第一把手也就有了制约。没有一个好的班子就制定不了好的战略，就带不好队伍，所以领导班子实际上是第一位的。联想把以上这些总结为管理的三个要素：建班子、定战略、带队伍。

我们研究高科技的企业要把好四个大关口：一是观念；二是机制；三是环境；四是管理。管理固然重要，但在中国这种特殊环境中，老总不对前三个方面有研究，事情是做不好的。就此，对老总有两个要求：第一是目标要高，要把办企业当成事业来干，这样才能受得住委屈，才能充满正气；第二个是要有对环境一眼看到底的能力，要能审时度势，要把事情看清楚，知道办得办不得，后果会是怎么样。联想认真地研究了这个问题。我们专门有一个公关外联部，就是专门研究跟国家各个部委打交道，看怎么才能够保持我们企业正常运作，怎么能够尽量得到国家的支持。这是门学问，是中国的特殊情况，是哈佛课程里不会讲的。

如何实现“1+1>2”？

首先必须让班子成员明白他和整个战局的关系，还要讲清这件事情做好会怎么样，做不好会有什么后果，这对他的积极性就有了初步的调动。第二是凭什么说你做好了或做坏了，凭什么给你这种奖励或惩罚。如果这是规定好的，不是人为临时定的，积极性就会得到更大程度的调动。香港联想曾经有位总经理，分红权、认股证、期权都在他口袋里面，到时候再宣布他要给谁多少。今天看来给人家的东西并不少，但是没有人感谢，没有人真心被这个调动起积极性。第三是这个规则应是被承认的，是班子研究过的，这时积极性会得到更充分的调动。联想高层的班子是主发动机，下面各层的班子都是小发动机，而不是一些没有动力的齿轮。上上下下都在动，而且动得非常协调，感觉就非常好了。当然了，如果第一把手不把企业的利益放在第一位也不行。

最后就是领军人物和骨干队伍的培养，这是最重要的。第一把手有点儿像阿拉伯数字的“1”，后面跟一个0就是10，跟两个0就是100，三个0就是1000。这些“0”虽然也很重要，但没有前面的“1”就什么都没有。我们对领军人物有“德”“才”两点要求。“德”就是要把企业的利益放在最高地位；“才”就是一定是个学习型的人。要善于总结，善于学习，善于把理论的东西拿去实践，善于把实践加以总结。企业里有的人工作积极性很高，但却没法重用，因为他总是把自己做的八分事看成十分，把别人做的八分事看成六分，这也是不善于总结。企业要不停地开各种研讨会，办各种各样的沙龙，让大家总结出规律性的东西，这一点极其重要。联想经常开这种研讨会，定下一个主讲人，而后小组讨论，每个小组都要派人上来讲对问题的看法。

最后做一个总结，做总裁首先要知道企业管理，企业外部环境总体是怎么回事，粗细都要能够讲清楚，粗了一个小时，甚至五分钟就能谈出来，细了能谈一天，能写一本书。第二点是你自己和你手下的人是什么样的要清楚。第三点是要明白你想要什么样的人做这些事，这些人够不够格，理想的人选是什么样的。第四是怎么培养这样的人。明白事、明白人、明白怎么把你身边的人变成这样的人，差不多就是个好总裁了。

联想创始人柳传志也曾在复旦大学演讲，以下是节选。

联想的创业之路

我再讲一个政策风险的例子。那是1987年，我们内部实行了承包制——就是根据机器销售的情况来确定奖金多少。谁知道由于进的货特别好，渠道特别畅通，承包的效果特别突出，突出到吓人的程度。怎么回事呢？就是我们承包部门的经理和他那个部门里的十几个人，人均奖金高达6000多元。当时我的工资才100多元钱，按照当时国家的规定，奖金如果超过了3个月的工资，超出的部分要交奖金税30%。这样一来，我们研究了一下，有三条出路：第一条出路就是把钱发下去，把税交给国家，拿到工资，钱也没了，公司关门。第二条路，就是跟得奖金的同志说“咱们来年再发”。我们想了想，也不行。那么只有走第三条路，就是拿支票换现金，把奖金发了。我们不是私营企业，我们是国有企业，我和几个副总经理都是一点儿奖金没有，我们要担着风险，把钱发给下面。我们这样做的结果是，群众的积极性大为高涨，但是两年以后“东窗事发”，发奖金的事出了“毛病”，出了“毛病”以后追查起来，一直追到联想了，我们企业赔了9万多块钱，同时给了我一个警告。有意思的是什么呢？不到一年后，国家的这方面相关政策改成现在的所得税，因为那种税法根本不合适。在我们社会主义初级阶段，很多政策尚不健全，因此政策在不断调整。一个企业跑在前面的时候，你办的事原来政策不让办，这种情况就有很大的风险，这就是我们在开办企业的时候承担的政策风险。

柳传志的演说，句句经典，层次分明，让听众一步一步地听，这就是一位具有丰富职业经验的演说者，更是中国企业家中具有代表性的超级演说大师！

第三章　怎样开始一场演说

——演说家的风格、魅力源于塑造

璞玉需要雕琢才能成器，道路需要修整才会平坦。天赋不会与生俱来，也不会随意从天而降。演说家的风格、魅力也需要不断磨炼、塑造。

当你准备开始一场演说之前，只用1/3的时间考虑演说的内容就好，剩下2/3的时间要考虑你的听众是谁，你要对谁说，说什么，如何打动他们，等等。

演说前期的准备、设计就像硬币的正面和反面：

准备决定演说成败，准备不足将是一场没有根基和内容的空洞演说；而缺乏精心设计的演说则难以吸引听众。唯有充分的准备，辅以精妙的设计，自我提升和锻炼，才能敲开成功演说之门。

本章将为你提供自我塑造的详细方法和工具，帮你迅速提升演说能力和专业度。打一场有准备之仗，在一开始就说得人心！

第一节　先征服自己，才能征服听众

你是谁——无懈可击的自我介绍

你既是现场的演说家，也是一个有着丰富阅历的人，你的成绩、形象、过去的辉煌都能说明这个问题。如果我们没有交代清楚“你是谁”的问题，那么我们的演说就无法顺畅地进行下去。

在回答“你是谁”这个问题的时候，演说家既是回答听众心中的疑问，也是为自己在内心里作一个定位。

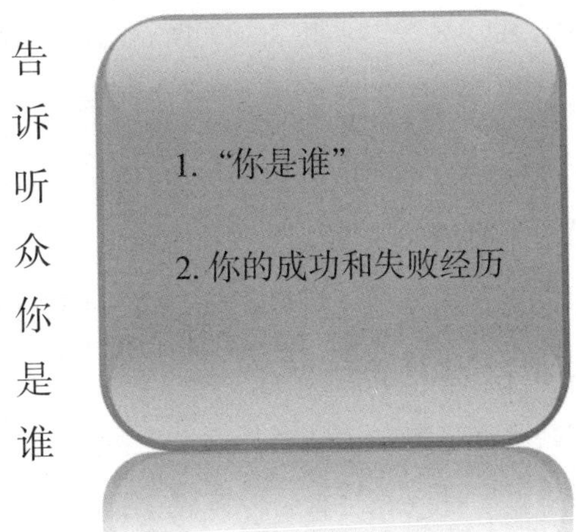

1. 告诉听众“你是谁”

我们首先要给出这个问题的答案，告诉听众“你是谁”。

因此，我们要尽可能动用技巧和手段来说清楚“你是谁”，让听众都明白你是一个有血有肉有感情的、立体的演说家。我们要用全部的激情来诠释这个问题，我们要用饱满的情绪、富于表现力的语言、挺拔的身姿以及和蔼可亲的表情和眼神来说明“你是谁”。回答这个问题的意义就是，对于听众来说，他们认识并且逐步熟悉了你，知道自己在听谁的演说，演说的这个人是一个什么样子的演说家；对于我们自身来说，内心对自我的准确定位可以让我们发挥出自己最大的正能量，并且强化我们的自信心和自豪感。

我在演说过程中，首先会用一段关于我的视频来解答“你是谁”这个问题。然后，我会将自己的主要经历告诉听众，我是如何成为演说家的，我要如何帮助中国的企业家都成为演说大师，我的成长、父母、历史……这些我都会综合地讲出来。

2. 讲出自己的成功和失败

其次，我还要讲到我的成功是什么、我的失败在哪里、我的遗憾又是什么，将我个人的喜怒哀乐都讲出来和现场的听众分享。这样做，听众就会觉得我是一个朋友、一个导师，然后对我就没有陌生感了。

我之所以敢在所有的听众面前深度地剖析自我，正是因为我内心对于自我的肯定，这也是一种自信的表现。因为我清楚地知道自己是谁，知道自己的优势和缺点，知道自己的方向和目标。只有当一个人完全清楚自己是谁的时候，才能够真正回答“你是谁”这个问题。

我们演说的听众或许是第一次知道你这个人，也是第一次来听你的演说。作为一个专业的演说家，就必须具备自己独特的风格。因为只有我们最了解自己，所以也只有我们能够回答“你是谁”。

“你是谁”不是一个简单的问题。运用好这个问题，它就会变成我们和听众之间的一座桥梁，将现场的听众直接带入到我们的演说中。我们要在演说刚开始的时候就将全部的个人信息准确无误地告诉听众，这样做既有利于听众了解我们，也为演说过程中我们与听众的互动沟通打下了良好的基础。

并且，我们必须用激情和内心说出“你是谁”的答案，由此来证明自我的价值以及告诉现场的听众我们的演说绝对值得一听，也绝对是物有所值的。对于每一个演说家来说，自我认识和自我肯定都是非常重要的。

当然，每一个演说家的影响力和自我定位都是不同的，但是唯一的相同点就是要让听众首先接受我们。这样一来，我们才能够将演说继续下去！

你要对谁说——精准定位客户群体

美国总统亚伯拉罕·林肯说过："当我准备发言时总会花三分之二的时间考虑听众想听什么，而只用三分之一的时间考虑我要说什么。"

这取决于演说的纽扣效应——我们在穿衣服时，哪个纽扣的位置是最重要的？第一颗！如果第一颗纽扣的位置是错误的，那么后面每一颗纽扣的位置都将错位。知道自己对谁说，确定你的听众，便体现了演说的纽扣效应。如果你不了解自己的听众，甚至不知道他们是谁，那你的演说很难成功。

如果你现在接到一个通知，要求你代表公司部门在下周的某个商业活动开幕时演说，你打算怎么做？

你也许会将全部精力放在演说内容上，精心设计演说主题、观点、开场白、案例、论据、幻灯片……你觉得，只要演说内容准备充足，演说就会成功。

很遗憾，如果你这样做并且只做了这些，那么这样的演说很可能以失败告终。

不是说你不该这样准备，而是你搞错了重点——演说的对象永远是听众。而演说的重点也不在于你准备了什么，而在于你的听众到底想要听什么。

若想演说成功，首先要有预见力——你要对谁说？你的听众是谁？你了解自己的听众吗？换言之，就是要精准定位你的客户群体！

演说的技巧固然重要，但比技巧更重要的就是关注并确定你的听众。遵守纽扣效应是成功演说第一步。

如果你在公司某次会议上对着昔日熟悉的同事、领导演说，那么恭喜你，你的演说之路有了很好的开始，同事、领导就是你的听众。但如果你将在某个大型的商业活动上演说，听众的构成就复杂多了。甚至如果你被其他公司邀请做跨界演说，那听众就更加难以确定了。

这时，你需要仔细调查确定你的听众：

如何调查确定你的听众？

方法	描述
确定出席者	都有谁会出席这场活动
确定内容和出席者的关系	知道二者的关系才好进一步对听众做出评估
对听众进行评估	包括听众的专业程度、了解程度以及对内容是否感兴趣等等
找出内容与听众的冲突之处	找出可能冲突的点加以完善，改进你的演说内容
列出特殊情况	凡事都有特殊情况，尤其是大型活动的变数很大，应该提前备案

需要注意的是：并非在场所有听你演说的人都是你的听众。

当然，如果是一场大型的活动，也许在场的听众非常多，构成类型也很复杂。那么，并非所有人都是你的听众。你的演说也不可能满足所有人。此时，你需要结合演说的目标，筛选听众，找出其中那最有可能听你演说的一部分听众。

有一次我为某家具建材集团的经理人做一对一的演说指导课程，该经理近期有一个演说题目《促进环境发展，加速文化建设》让我帮其优化，可以确定出席者有市政府领导、企业家，活动性质类似于企业家聚会。

我按部就班地对经理加以引导，问他："要想顺利开始一场演说，不仅要了解自己，还要了解你的听众。请问，你的听众都是谁？"

经理回答得很果断："这次活动规模很大，参与者太多了，有市委领导，还有各行业的企业家。"

我继续问："这样太泛泛了。这其中并非所有人都是你的听众，你必须进一步细化。先想清楚，你的演说有什么目的？"

经理说："我希望通过这场演说，能引起企业家对企业文化建设的重视。"

我说："没错，既然是想引起企业家对文化建设的重视，换言之，你真正的听众是在场的企业家，而不是台下的市委领导。尽管他们是领导，但演说要有所侧重。记住，你的目的在谁身上，谁就是你真正的听众。"

我们找到了听众后，就可以有针对性地对演说内容进行调整。

如果你要参加一个公司新一季的产品发布会，你想借机推销本季新品，那么请仔细考虑，在场的领导、媒体、经销商、大客户，谁是你的听众？

就一场新品发布会而言，听众的构成主要有以下几类：

1. 媒体记者

如通过媒体推广的发布会。

2. 消费者

大型的产品发布会现场，人数最多的往往是消费者。出于好奇和体验欲，他们纷纷受邀或主动前来参加发布会。那么，这些消费者就是你的听众。例如，"苹果教父"乔布斯在一年一度的新品发布会上，他永远是从消费者如何使用、如何增加体验的角度来设计自己的演说，他的听众永远是消费者。你几乎看不到乔布斯在发布会上向政府官员、媒体夸赞自己的产品，这对他而言无疑是在浪费时间。他很清楚知道，苹果产品最终要流向市场、卖给消费者，所以消费者才是他真正的听众。

3. 销售员

这类发布会也很常见，通常面向产品的经销商、代理商。那么，你就没有必要把重点放在消费者身上，而要了解在场销售员、销售经理关注的重点，以此来设计你的演说。

4. 投资方

这类发布会通常是招商引资类，面向投资者或者银行的演说。那么，你的听众就是在场的股东和银行相关负责人，这样才能获得更多投资，募得更多资金。

总之，一场演说中，不管在场有多少听众，你永远要先从中找出“VIP”（重点）听众，并围绕重点听众找到你的演说重点，花更多的精力在这些“VIP”（重点）听众身上，而不是把每个人都当成你的听众。没有针对性、没有重点的演说很可怕，这相当于白白浪费了一场演说的好机会。

我为什么要听你说——拿什么证明你说的是我需要听的

每一个演说家都遇到过这样的情况：辛辛苦苦准备的演说并没有得到听众的积极响应，在演说中所提到的问题也没有听众来回答，现场演说的效果和演说后的反应都是非常糟糕的。这是为什么呢？就是因为我们没有回答“为什么听你讲”这个问题。

回答“为什么听你讲”的意义在于：

对于现场听众来说，他们需要找到一个进入你的演说的支点：我为什么要听你讲，而不是听其他的人讲，听你讲的价值和意义是什么，拿什么证明你说的是我需要的。对于演说家来说，我们需要打开听众的心，让他们明白我们演说的价值和意义。这个问题无论是对于现场的听众还是演说家，都是至关重要的。因为只有回答好“为什么听你讲”，听众才会心平气和地坐下来，我们也才能够将自己的思想和理念说给他们听。

我在一次演说中被问到这样的问题：“听你讲就会和你一样吗？”“听你讲可以学会演说吗？”

我是这样回答的：“首先你们还要知道我是谁。我是一个演说家，我读了6年小学，5年初中，我是一个连高中都没有考上的人。但是现在我是大学里的客座教授，我曾经在3年的时间里创造了100多亿元的销售额，10

亿元的利润。这些都是我创业所取得的成绩。正是因为我有这些经历和成绩而你没有，所以你就要听我讲。”

我是演说家，我有丰富的经历和傲人的成就。所以，我是一个成功者。那么，如果你想成功，想成为像我一样的人，你就要安心地听我讲。这就是我对“为什么听你讲”这个问题的回答。因为我走过的路上有许多值得听众借鉴的经验和教训，因为我能够回答听众的困惑和问题，所以我才能够站在演说台上发出自己的声音，让台下的听众都听我讲。

“为什么听你讲”不仅是给听众一个支点，也是给自我一份自信。实际上，问题的答案很简单，就是听我讲，因为我能够解决你的问题。

1. 掌控全场

我们在演说的过程中，要有掌控全场的能力。只有当我们抓住了听众的心，听众才会安静地听我们讲，才会接受我们演说的内容和理念。当然，每一场演说我们都需要运用一些演说技巧来达到目标，当我们清晰地阐述明白“为什么听你讲”这个问题的时候，我们在听众的心中才会具有一定的分量。因为听众开始知道，听你讲可以收获一些知识，听你讲可以使他们的人生有所改变。所以，听众会安心、安静地听你讲。

大多数情况下，要想获得听众的积极配合并不是一件非常困难的事情。但是，如果我们没有说清楚“为什么听你讲”，那么就很可能会无法掌控现场，听众会有不耐烦的表现，比如玩手机、打瞌睡、低声说话，甚至是提前离场。在这种情况下，我们的演说情绪就会受到严重的冲击，很可能导致演说草草收场。

2. 在开始就解决“为什么听你讲”的问题

因此，我们需要在演说的开头部分就解决“为什么听你讲”的问题。这样做不仅是为了让听众集中精力听演说，更是为了使我们辛苦准备的演说能够顺畅地进行下去。只有这样，我们的演说才能够具有应有的价值和意义，我们才会帮助到有需要的人，我们才会将自己的目标变成大家的目标，将自己的智慧传递给更多的人。

实际上，真正重要的不是你讲，而是你讲的意义何在、你讲的价值何在。没有人会浪费自己宝贵的时间去听一场毫无意义和价值的演说。不管演说家是否具有名气，也不管演说家是否为亿万富翁，我们必须将听众和演说家实在地联系到一起，让听众明白只有听我们讲才能够解决问题，只有听我们讲才不是浪费自己的时间。

当我们回答了“为什么听你讲”这个问题之后，我们会看到原来不十分耐烦的听众都安静下来了，我们与听众之间的互动沟通也变得顺畅起来，现场的气氛开始活跃，仿佛现场的听众都已经变成了我们演说的一个重要组成部分了。

你要说什么——主题鲜明，紧扣听众心弦

演说家要讲的就是听众要听的，听众的需求决定了演说家要讲的内容。如果一名演说家随意地决定“你要讲什么”，那么注定是不会有成功的演说的，也注定了无法通过演说来提高自身的影响力了。

所以，“你要讲什么”对于听众来说是一个听下去的契机。演说的内容要与听众的需求相结合，适时地加入我们自己的观点和看法，让听众觉得我们言之有物、言之有理；而对于演说家来说，这个问题是对自身的一次考验，我们既要抓住听众的兴趣点，又不能被听众的兴趣牵着走，因为我们知道讲什么决定影响力。

听众希望听到什么内容，什么样的内容才能够吸引听众全神贯注地听你讲，那么你就要讲什么。

不要一味地固执己见，也不要一味地讨好听众。我们需要将自己的思想和理念融入到听众的需求中，既要做到听众喜欢，也要做到发挥自身的优势。这样的演说才是真正精彩、百听不厌的演说。

关于“你要讲什么”这个问题，我的回答是这样的：主题鲜明，紧扣听众心弦。

1. 找出听众关心的话题，紧扣听众心弦

企业家关心什么事情呢？一是人才，二是财富。在我的演说中，这两个方面都要讲到。我会讲企业家如何才能够吸引人才，如何创造财富。实际上，无论听众是不是企业家，他都会关心财富的问题。我很明确地知道自己在讲什么，听众听起来也很清楚。因此，我的每一场演说都能够达到预期的目标和效果。

我在每一场演说之前都会对“你要讲什么”这个问题慎重地做出回答。因为这个问题不仅关系到听众对于演说是否满意，也关系到我自己创立的演说品牌的口碑。我不能自己砸了自己的招牌，所以只有回答好这个问题，我才会充满自信地走上演说台。

2. 换位思考，让主题更鲜明

我们可以来试想一下，如果现在我们是听众而不是演说家，我们希望听到什么？希望这场演说能够帮助我们什么？这就是换位思考，在我们不知道该讲什么的时候，这是一个行之有效的方法。另外，如果我们是听众，当演说台上的人语无伦次、不知所云的时候，那么我们的感受又是什么？面对不知道在说什么的演说家，我们的直接反应是什么？想清楚了这些问题，当我们再次走上演说台的时候，就会为“你要讲什么”这个问题做出最好的回答。

作为一名演说家，当我们将自己和听众进行换位思考的时候，我们就会明白许多站在演说台上无法明白的事情，我们也会看到许多原本我们看不到的事情。所以，当我们感到不知道该讲什么或者讲什么才精彩的时候，我们需要走下演说台，坐到听众席上。这样做对我们有着巨大的帮助。换一个角度看问题就能够找到问题的最佳答案。

在大多数情况下，我们准备的演说内容都是根据现场听众的需求而定的，但是当现场的听众对你讲的内容并不感兴趣的时候，你首先要保持冷静，不要惊慌失措，然后可以像朋友那样与现场的听众多作交流、沟通，最后，及时调整当天讲的内容。切记，只是调整极少部分的内容，不要做很大程度的调整。因为有些时候听众也不知道自己想听什么。如果你的调整过大，反而丢失了鲜明的主题。在这种情况下，我们一般只需要讲几个吸引人的小故事，将听众的注意力拉回到演说当中就可以了。

“你要讲什么”的答案一方面是听众的，一方面是演说家的，还有一方面是客观事实的。只有将这三方面的内容都有效地融合到一起，演说才会物有所值！

你说的对我有什么好处——追求快乐，逃离痛苦

“你讲的对听众有什么好处”——这个问题的答案非常简单，因为我们的演说能够解决大多数听众的难题，让他们追求快乐，逃离痛苦。

简单地说，好处就是我能够帮助你，而且只有我才能够帮助你。

一般情况下，大多数听众都是带着需求来听演说的。既然有需求，那么就想要从演说中获得积极有用、能够满足需求的知识和内容。如果演说家连这个要求都无法达到的话，那么演说的失败就是注定的了。

“你讲的对听众有什么好处”这个问题是最实用的，它是听众愿意接受演说、愿意与演说家沟通互动的基本前提。而对于演说家来说，只有回答了这个问题，我们才能够准备一场精彩、实用的演说，才会保证我们的演说不是在喊口号，而是在切切实实地帮助有需求的人。所以，回答这个问题就会让听众把你从一个陌生的演说家转化成一个可以请教难题的导师。

我对我的学员说过：“我的演说会让你知道吸引人才和创造财富的办法。这些办法都是切实可行的，它们都是我经过多年摸索而得到的有效办法。”

1. 不说假大空的话

我会把有效的信息都组织起来，不说大话、空话，真实地将方式、方法讲给听众，尽我所能把有用而实用的内容讲出来，听众就会自动提炼出对他

们有用的信息，自然就会明白我的演说对于他们来说是非常有用的。所以，我在演说中表达的内容越具体、越实用，听众就会越安静地听我说，并且清楚这些内容对于他们的好处在哪里。

我的演说会给听众一些实实在在的指导、建议、技能。这些内容都能够让听众在现实生活中解决问题，摆脱困境。我的演说对于听众的好处就是，教给他们实用技术，比如谈判、领导力、市场营销，等等。

2. 明确地传达演说的实用价值

在演说中，最重要的就是我们的听众。他们不是我们的对手，他们不会为我们制造麻烦。听众只想从我们的演说中获得有效的、实用的信息和知识，并且用这些信息和知识做一些有利于自身的事情。作为演说家，我们要做的事情就是将实用的方式、方法有效地组织成语言，然后讲给听众，让听众能够系统地学习到一些知识和信息。

“你讲的对听众有什么好处”这个问题是一个承上启下的问题。回答好这个问题，我们之前说的几个问题才具有实际的意义和价值。我们接下来要说的“如何证明你说的是真的”“听众为什么听了你的演说就要采取行动”这两个问题才能够得到更好的答案，才会让演说具有完整而实用的价值。

如果我们无法确定演说对于听众的好处，那么我们为演说所做出的努力和准备就都成了无用功。做一件毫无意义的事情只会是浪费时间和精力。所以，我们必须明确地传达演说的实用价值。如此一来，我们的劳动才能够换回听众的响应和回复。听众能在我们演说中获得有用的信息和帮助，他们才会愿意与我们沟通互动，我们才能够更确切地知道在演说中哪些内容是有效而实用的、哪些内容是不必要的。这样做对于我们的演说是一个非常大的提高机会，也是我们提升自身影响力的重要环节。

我们用自己的辛苦劳动为听众提供精彩出色的演说，而我们的演说对于听众是有好处的。这个好处虽然是因人而异的，但也是看得见、摸得到的。而演说家为听众带来的最直接的好处就是解决问题或者获得解决问题的途径和方法。这些好处不仅是针对听众的，对于演说家也是非常有帮助的。我们会从听众的反馈中获得成就感，以此来提升我们的自信心，扩大我们的影响力。

因此“你讲的对听众有什么好处”的答案，不但能够让听众认真地听你的演说，接受你的思想和理念，而且也会让你自己言之有物，进一步提升业务水平，让你的演说事业更上一层楼。

你说的是真的吗——建立信赖感，解除客户抗拒点

我们在演说的过程中会说一些个人的成长经历、成绩和成功。有许多时候，听众还是愿意相信亲眼看见的事情。所以，我们需要用一些方法和辅助工具来证明演说内容的真实性。这样才能建立信赖感，解除客户抗拒点。

“如何证明你说的是真的”这个问题的意义就是，对于听众来说，只有证明演说内容的真实性，他们才可以放心大胆地去相信、去照样子做，并且信任演说家；而对于演说家来说，证明内容的真实性才能够证明自身的实力，也才会通过演说来提升自己的影响力。演说的过程就是，一个演说家让听众从不相信到信任的过程。我们不需要讲太多的理论，如果理论过多，我们的演说就会显得像学术报告，从而失去了力量和活力，并且让听众感觉到乏味和无趣。

既然我讲出来了，那么就一定是真实的。因为我会拿出许多证据证明我的演说内容的真实性。

比如当我做自我介绍的时候，我会给听众放一段关于我的视频。有视频就有真相，让听众用最快也是最现代的方式去立体地了解我，进而信任我；当我说到我的成绩的时候，我会拿出具体的数据和证明材料，让听众可以更加直观地看到。

“如何证明你说的是真的”这个问题是需要综合回答的。我会运用视频、图片，以及将曾经听我演说的学员请到现场来做一个现身说法。比如为了证明我的演说训练营的成绩，我就会让训练营中学员亲自来讲。这样做不仅可以活跃演说现场气氛，而且听众可以与演说的学员达成某种共鸣，从而更好地理解和接受我讲的内容。

1. 立体系统地给出答案

对“如何证明你说的是真的”这个问题，我们要立体而系统地给出答案。每一个细节、每一个环节都要真实可信，都要拿出不容置疑的证据，让听众在最短的时间里做出自己的判断。如此，我们的演说才能够顺畅而精彩地进行，听众才会从演说中提炼出对自身有帮助的内容。演说家要想让陌生的听众信任自己、安静地听自己的演说，就必须让听众相信我们不是天马行空地乱说，我们所说的不是空洞的理论，而是真实而可行的现实和答案。

2. 充分利用素材

为了证明我的演说内容，我会动用诸多手段和方法，如视觉、听觉、物质、文化等各种方式。只要能够证明演说的真实性，我都会有效地利用起来，以便可以达到我的演说目标。

我们证明演说内容的真实性就是为了让听众信任我们，愿意听我们讲，并愿意就演说的内容与我们互动沟通，这样做我们的演说现场就成了一个非常开放的空间。空间的开放性决定了演说的成功率，因为一场自说自话的演说不是将听众说得睡着了，就是将自己说得没有了自信心。演说家与听众的顺畅沟通就是建立在信任的基础上，所以向听众做出必要的证明是每一个演说家必须学会的课程。

3. 用事实来证明真实

我们的每一场演说都有着不同的目标。为了达到目标，我们要调动起所有的方式、方法为听众提供最好、最有效的证明。将平面的演说稿变成立体、形象的真实故事，再多的理论都比不上一段精彩而真实的故事。理论是单调而枯燥的，而故事是生动而形象的。

用事实来证明真实，这样的演说才具有强大的吸引力和正能量。现代社会的节奏加快，生活便捷，无论是精神生活还是物质生活，人们都习惯了快节奏。因此，我们的证明也要一针见血，不要拖泥带水。一个事实用一段视频或者几张图片就能证明，不需要长篇大论以及没完没了的理论。用简明扼要的语言说出一个事实，然后用最简单明了的方法来证明。这样的方式是可以让大多数听众接受的。而且演说的时间是有限的，我们必须学会用最短的时间与听众建立一种相互信任的关系，这样我们才能够达到演说的目标和效果。

作为一名优秀的演说家，必须有能够证明自己的能力，用我们的真诚和一切方法让听众信任我们、听我们讲。

为什么我要按你说的去做
——你能得到什么好处否则损失什么

一场演说下来非常顺利成功，听众也给予了肯定和热情。但是演说之后，却没有几个听众有所行动。演说似乎就成了一阵风，过了就过了。

那么，这样的演说也不能说是完全成功的。这种情况就是因为我们没有正确地回答“听众为什么听了你的演说就要采取行动”这个问题。换言之，听众能从你这里获得什么好处，否则又会损失什么。

听众在听演说的时候觉得你讲得很有道理，但是与自己的实际联系不上，所以听过也就不记得了。

对于听众来说，这个问题是将演说内容和实际情况联系到一起的纽带，获得了这个问题的答案就能够将演说中的方式、方法准确地运用到实际工作和生活中；对于演说家来说，给出这个问题的正确答案不仅是对我们理论联系实际功底的考验，更是各种综合演说素质的集合表现。

1. 用开放的态度对待

在回答“听众为什么听了你的演说就要采取行动”这个问题的时候，我会走下演说台，直接面对我的听众，用一种完全开放的态度来对待我的听众。因为我只有对听众提出的问题做出准确而实用的回答，他们才会马上采取行动。如果我只是坐在演说台上讲一些不着边际的理论，那么就算我说得再有道理，听众也无法采取行动，我的演说就变得没有意义和价值。

为什么要采取行动？因为我的话可以解决你的难题，可以让你的工作进行得更加顺利，也可以让你的事业更加成功。我的话不是大话、空话，而是切切实实的办法、建议和技能。因此，你听了我的话，就要马上采取行动。

每个人都想要日子过得更好一些，让自己的事业更成功一些，这就是我们回答这个问题最好的契机。通过我的演说，听众可以看到更好、更成功的未来，他们自然就会按照我的话去采取行动。如果从我的演说中，听众得不到任何有用的信息，那么我的演说就是失败的。

我们不仅要学会如何演说，更要学会换位思考。因为许多事情如果我们只站在自己的角度去看，就无法看到事情的全貌，也就不会得到解决问题的答案。

2. 理论联系实际

要想让听众不仅觉得我们的演说言之有理，而且按照我们的话去采取行动，我们就要做到理论联系实际，做到有理有据，做到不说大话、空话。

这样一来，听众会从我们演说中得到切实可行的办法来解决自己的问题，也会获得一些有用的知识和信息来让自己的事业和生活更上一层楼。作为优秀的演说家，我们不要害怕面对自己的听众，不要害怕自己言多必失。我们应该做到“知无不言，言无不尽”。

第二节　前期准备：准备不足等于没有准备

准备 1：情绪

在演说前，第一步就是情绪准备。如果没有积极的情绪，你的演说就注定是失败的。要想让情绪保持在巅峰状态，就必须学会克服恐惧心理，享受演说台上的荣耀，并且用一些技巧来激励自己，将所有的积极情绪都存储在自己的内心中，等到正式演说时再把这些积极情绪释放出来。如此一来，演说就一定是充满激情、活力与力量的。

情绪上的巅峰状态可以保证你的演说是充满活力的，而不是死气沉沉的。演说中最大的忌讳就是沉闷和无趣。

一个熟悉的演说话题可以让我们战胜恐惧的心理，并充满热情。实际上，演说中的恐惧心理大多来自我们内心深处的不确定以及聚光灯下形成的孤独。大多数情况下，演说家会被孤立于听众之外。我们都希望将自己融入到大多数人中间，而演说台上只有你一个人，这样的想象让我们紧张而不知所措。要想彻底克服这种心理障碍，你就必须学习如何享受万众瞩目的境遇，并且将这样的孤独视为自己的一种荣誉，一种与众不同的荣耀。

1. 先让自己的情绪达到巅峰状态

演说前，我们需要将自己的情绪推向一个巅峰状态，抛开心中那些莫名其妙的恐惧，让快乐和正能量充满我们的内心。我们要告诉自己："我已经做好了准备，让全场的听众跟着我一起疯狂，一起热血澎湃，我要保持巅峰状态来完成我的演说。"

我经常会对我的学员说："情绪上的准备是非常重要的，你的情绪饱满了，你才可能带动全场的听众的情绪。这样，你的演说才是充满热情和活力的，你说出来的话才具有力量。所以情绪要保持在巅峰状态是第一步的情绪准备。"

要想让自己的情绪保持在巅峰状态，我们还需要做一些辅助工作，比如看一些激励方面的书，这样可以让我们感到兴奋；看一些资料或者上网学习一些对演说有帮助的知识；向行业中的佼佼者学习，学习他们的演说体系以及他们的演说技巧。这些都可以帮助自己提升情绪，达到兴奋的状态，让我们的情绪更加饱满。

2. 用表情表达内心情绪

还要学会用表情来表达你的内心情绪，让听众听到你高亢而热情的声音，看到你喜悦而兴奋的表情，这样做更有利于你的表达，并且能使你的演说充满激情和活力。用你的情绪去感染听众的情绪，让他们跟着你的感觉走，鼓励他们用自己的热情与你一起演说、互动。如果你是一个情绪上达到巅峰状态的演说家，那么你的演说一定是幽默、有趣的，并能给听众留下深刻印象。

在演说前的情绪准备中，你要练习积极的表现力，运用你的表情、语言来表达你的积极情绪，以此来达到调动全场情绪的目的。愉快的表情必须有巅峰的心态来做基础。如果你的情绪没有达到巅峰状态，那么听众是可以从你的演说中感受到的，这样就会让听众的积极情绪受到影响，以至于影响你演说的整体效果。如果在演说前，你做了充足的情绪准备，将自己的情绪提升并保持在巅峰状态，那么在演说的过程中你的活力、热情、积极情绪就会随着你的演说散播到每一个听众的心里。这样全场的听众就会给予你积极的反馈，还会与你进行积极的互动，让演说现场变成一个有趣而欢乐的海洋。

情绪上的准备还有一个目的就是要让全场的听众与你保持一致，让你的情绪带动全场去一起完成这次演说。或许演说前我们多少都会有一些忐忑的情绪存在，但是你要用一切的手段将这些不安的情绪压制住，不让自己的情绪受到丝毫的不良影响。我们可以做一些自己喜欢的事情，和喜欢的朋友聊一聊天，反复用一些句子来激励自己。这样做的好处就是让我们的情绪始终处于积极状态，一点一点地提升我们的情绪，从而到达巅峰状态。

准备 2：精力

演说前，尽量不要让自己过于紧张和疲劳。特别是第一次做公众演说的时候，大多数人都会因为紧张而睡眠不好，以至于在演说的过程中因精力不足而导致演说的失败。所以，在演说前一定要保持精力的充沛。

无论工作有多忙，无论这次演说对你有多么重要，你都必须注重劳逸结合，不可过度劳累，一定要保证睡眠时间和质量。

如果明天就有一次非常重要的演说，而我们的心里非常紧张，反反复复地复习演说材料，结果深夜两三点钟才上床睡觉，那么在第二天的演说中，一定是精力不济的。所以，为了演说的成功，我们必须准时睡觉，保证自己有充沛的精力来完成我们的演说。

精力不佳的原因

原因	描述
工作过多，过于疲劳	演说家每天的工作量都是非常大的，往往是一场演说接着下一场演说，根本就没有休息调整的时间，所以就出现了演说家由于工作繁忙而过度疲劳的情况。要解决这个问题，我们就必须学会放松自己，做到劳逸结合
精神紧张，睡眠不足	演说家在演说前感到精神紧张是一件正常的事。因为无论我们演说过多少场、有过怎样的演说历练，对于下一场演说还是没有百分之百的把握。虽然因为紧张而不眠不休地做准备证明了我们对工作的认真负责，但是也说明了我们作为演说家的不成熟。因此，在演说前，演说家要充分地放松精神，让自己有高质量的睡眠，并保证以充沛的精力出现在全场听众的面前，从而完成一场精彩而出色的演说

1. 紧张源于内心的恐惧

我的学员曾经这样问我："老师，我在演说前经常因为过于紧张而无法入睡，结果导致第二天精力不济而无法出色地完成演说。你说在这样的情况下，我应该怎么办呢？"

我对他说："实际上，精神上的紧张就是来源于内心的恐惧与不自信。如果你实在无法入睡，就不要强迫自己。你可以做一些事情来放松神经或者转移一下注意力，或者是躺在床上默背明天的演说稿。总之，怎样做能够让你放松下来，你就怎样去做。"

我也曾经有过像这名学员一样的经历，我找到了一个让自己能够完全放松下来的方法。我安静地躺在床上，在头脑中想象第二天的演说，从我的着装打扮到我第一句话说什么，从演说内容到演说效果、我在什么地方可以开个玩笑、在什么地方可以进行互动等等，就这样慢慢地想着想着，我就在不知不觉中睡着了。

保证充足的睡眠才能够保证演说过程中的精力充沛。所以，演说前就是要保持精力的饱满，不让繁忙的工作和疲劳毁了我们的演说。

2. 养精蓄锐才能保证演说品质

演说前的精力准备直接关系到演说的质量，如果我们用萎靡不振的状态去演说，不仅是对演说的忽视，更是对全场听众的不尊重。所以在演说前，我们要合理安排工作时间，尽量放松心情和精神，让我们的精力能够始终保持在一个非常好的状态中，为我们的演说做好精力上的准备。

有了精力，我们才能够充满力量地完成演说；有了精力，我们才能够让全场的听众跟随我们；有了精力，我们才能够妙语连珠。而精力上的准备主要是要保证睡眠的时间和质量，并且做到放松心情，克服紧张的情绪，使自己以一颗平常心来面对演说、面对全场的听众。

精力充沛的演说家是优秀的，也是能够吸引听众的，我们要在精力上做出准备就是要让自己看起来风度翩翩、神采奕奕，并且让整场的演说没有丝毫的遗憾，让全场的听众认为我们的演说是物超所值的。这才是一个演说家应该尽到的责任。

准备 3：态度

演说的态度涉及我们演说的宗旨和使命，演说前我们必须清楚自己站在演说台上是为了什么、我们要达到什么样的目标、我们需要完成什么样的使命等等。

演说的态度能够决定我们的演说究竟获得多大的成功和要面对怎样的遗憾。因此，演说前在态度上的准备是不能有一丝一毫马虎的，端正的态度可以扩大演说的影响力，让我们演说的宗旨和使命都得到非常好的贯彻和落实，从而进一步促进演说良好效果的产生。

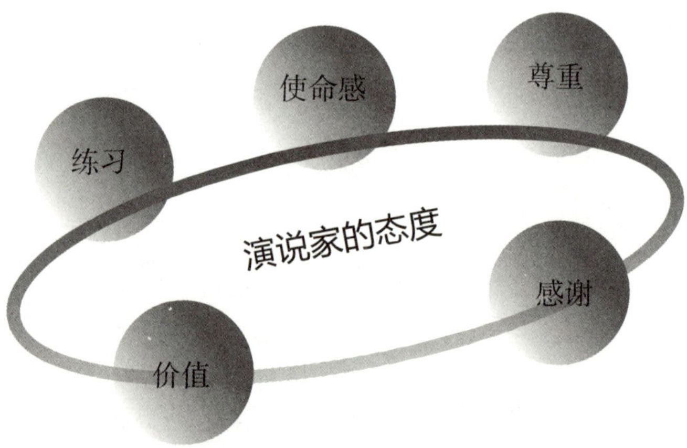

1. 带着使命感去演说

我在演说的时候就非常清楚自己的使命，我的使命就是要帮助中国的大多数企业家都成为超级演说大师，并且超越国外的企业家。中国的企业家大多数都是不善言辞的，他们正是因为不会演说而错失了许多发展机会，也失去了证明企业的机会。所以我带着鲜明的使命感去演说，就能够将演说的意义和价值推到一个非常高的高度，获得很好的演说效果。

带着使命感去演说对于每一个演说家都是必须做好的准备。如果作为演说家，你不知道、不清楚自己的演说使命，那么你的演说就是盲目的、不知所云的。如此的演说怎么可能会获得好的口碑和效果呢？作为演说主讲人，你也不会受到听众的欢迎和尊重。

因此，演说前必须明确我们的使命，让这种使命在我们的心里扎根，然后带着使命感去完成演说。如此，我们的演说就会被更多的人认同并接受，听众会知道我们是真心要帮助他人。

2. 尊重每一位听众

尊重每一位坐在会场中聆听我们演说的听众，这不是一句空话，而是我们要从态度上真真实实做到的。如果你在演说的时候，心里没有演说或者有演说而没有听众，那你对听众的不尊重就会在你的演说中流露出来。那么，听众对于一个不尊重他们的演说家，自然也不会有任何的好感，并且绝对不会接受你以及你的演说内容。

我们需要在态度上尊重每一位听众，将这种尊重表现在演说时的衣着上、表情上以及整个会场的布置上，让每一位听众知道我们是从内心尊重他的。如此一来，听众也会从内心尊重演说家，并且愿意接受演说家的理念和观点。

3. 勤于练习

在演说的过程中，必须保持一定的流畅度，如果一场演说都在结结巴巴、磕磕绊绊地照本宣科地读着演说词，那么听众要么会睡觉，要么会走神。总之没有任何一个人会喜欢这样的一场演说。要想保证演说的流畅度，就必须在演说前勤于练习，不能够因为熟悉演说内容，就怠慢这场演说。

在演说前我们必须勤于练习，熟悉演说的内容，练习自己的表情和语气，让自己在不断练习、练习、再练习的过程中保持一种良好的精神状态。演说前，我们要抓住一切时间练习，不论时间是否充裕，都必须利用一切空闲时间练习。

4. 感谢听众给自己机会

懂得感恩不仅是每一个演说家都需要明白的道理，更是我们每一个人都需要时刻放在心里的情绪。感恩听众是因为听众给了我们这个演说的机会，也是听众认真地听我们说，才让我们有机会淋漓尽致地表达自我观点和理念。简单地说，听众在给予演说家尊重的同时，也给予了演说家财富。所以，我们必须感谢听演说的每一位听众。

在态度上，每一个演说家都必须真心诚意地感谢听众，这样的感谢必须是发自内心、自觉自愿的。听众给了我们演说的机会，使得我们站在演说台上享受荣耀和荣誉，演说家的一切都是听众给予的，我们要真心感谢每一位听众，感谢听众给自己演说的机会。

5. 塑造演说价值

演说是否有价值就在于我们的演说能否为有需要的人提供帮助，或者说我们的演说内容是不是能够让人们觉得物有所值甚至是物超所值。如果我们的演说没有任何价值，那么我们不但会毁掉自己辛辛苦苦建立起来的个人品牌，而且会让我们的内心感到惴惴不安，从而丧失对自我的信心。

因此，我们要塑造出演说的价值，并且让听众都看到这种价值，不让演说的价值成为听得到、看不见的东西，而是要让听众真实地看到并感受到我们演说的价值。塑造出完全属于我们的演说价值，明白准确地告诉我们自己：“我的演说是具有价值的，而这种价值就是帮助了有需要的人，让他们明白演说的重要性。”

总体说来，我们要端正态度，将演说中的每一个环节都准备周全。态度决定一切，没有端正的态度就没有成功的演说。因此，态度上的准备要认真而虚心，端正的态度就是成功的一半。

准备 4：体力

一场演说需要的时间很长，要是一场演说加上培训就很可能需要一天甚至是几天的时间，这些都对演说家的体力提出了很高的要求。因此，我们在每一场的演说前都必须做好体力上的准备，并且让体力保持在一个良好的状态。如此一来，就可以避免因为体力不好而影响到演说进程的事情发生了。

俗话说：人吃五谷杂粮，哪有不生病的。演说家也是普通人，所以难免会有头疼脑热的时候。

为了避免疾病影响我们的演说，我们就必须在平常的日子里，特别是在演说前做好保健和锻炼来保证我们的演说体力。

1. 平时多运动

在演说前的一系列体力准备中，运动是最关键也是最重要的一环。因为只有平时多运动，在演说的关键时刻才能够让我们的体力保持在一个良好的状态上，所以运动就是保持体力的最好方式。

演说对于演说家的体力有着很高的要求，所以一般的演说家都有自己喜欢的运动，比如我本人喜欢跑步和游泳，陈安之喜欢打篮球，有的演说家喜欢保龄球或者高尔夫球，等等。这些运动都需要长年的坚持，坚持运动就能够使你拥有一个好身体，而过人的体力则是演说家必须具备的身体素质。运动不仅可以锻炼身体，还可以让大脑保持清醒，让我们的身体保持一个年轻的状态。

因此，演说家在平时就要多运动。在保持良好体力的同时，也保持清醒而活跃的思维，让我们永远都不会变得沉闷和陈旧，这才是演说家多运动的真正意义。

在演说前，保持最佳的体力状态是非常重要的。我们在为几千人演说的时候，体力就是其中一项最具说服力的内容。我们不仅用我们的知识和智慧去演说，也要用我们的最佳体力去说服听众，让我们的演说充满魅力和激情，让我们的听众信服我们、听从我们，进而跟随我们，以达到演说效果的最大化。所以，世界上任何一个超级演说大师都是健康而充满活力的人。

2. 讲究饮食

演说家因为工作的特殊性很容易造成饮食的不规律，会出现暴饮暴食的情况，这就非常不利于身体的健康。所以在演说前一定不要吃得太饱，不要大鱼大肉地吃，更不要以为这样就能够起到补充体力的效果。演说家无论是在平时还是在演说前，都必须讲究饮食。在这方面，安东尼·罗宾就是我们的好榜样。不管他在世界的哪个国家演说，都带着榨汁机。因为鲜榨的果汁里含有多种维生素，而维生素是人体必不可少的营养品。就算有的时候不能够按时吃饭，那么一杯鲜榨的果汁也是可以补充人体所需要的营养的。

从饮食方面来说，演说前最忌讳吃得太饱。因为我们吃饱了，反而就没有力气去演说了，我们会感觉到身体疲惫、精神倦怠。还要注意饮食中的荤素搭配，这样才能够均衡地摄取营养，保证身体所需，少生病甚至不生病。比如多吃水果，因为水果最能够增加体力。

饮食的准备并不是一朝一夕的事情。我们要在平时就养成好的饮食习惯，讲究饮食的科学性，让好的饮食习惯为我们的体力做保证。

3. 多补充矿物质

矿物质和维生素都是人体必需的营养物质，但矿物质是我们自身无法产生的。所以，我们必须通过外界的补充来满足自身对矿物质的需求。矿物质对于我们保持体力来说非常重要，因为人体在缺乏矿物质时会发生一些不良的反应，比如体虚、乏力、精神无法集中、记忆力衰退等等。这些不良的反应在损害我们身体的同时，也会直接影响到我们演说中的体力和效果。

因此，在演说前，我们要多喝含矿物质的矿泉水、多吃能够补充矿物质的食物，以保证我们的身体不缺乏矿物质。特别是在天气炎热的夏天，我们很容易随着出汗而流失大量的矿物质，千万不要因为嫌麻烦而少喝水甚至不喝水，这样会对保持体力起到反作用。

不仅是在演说前，在平时的生活中我们就要养成多补充矿物质的良好习惯，从多种食物中摄取足够的矿物质，特别要经常喝矿泉水、吃含矿物质的食物，以此在体力上做好充足的准备。

准备 5：听众需求

对于演说家来说，我们必须在演说前就弄清楚听众的需求。听众的需求是第一位的。

比如演说现场哪一位听众的地位最高，在正式演说前我们就应该先感谢一下这位听众；要是在企业演说，就要感谢企业的一些领导人；要是在高校里演说，我们就需要感谢高校的校长；要是到政府演说，就要感谢一下政府中的最高领导人。这些都要视当时的情况而定，但是对于听众的需求我们一定要做到心中有数。

1．调查问卷

针对听众的需求，我们要事先做些调查问卷。我们要知道这次听演说的听众曾经听过哪些演说家的演说，他们觉得哪里好哪里不好，他们对什么样的话题最感兴趣，对于哪些话题觉得没有意思，对于我们的这次演说期待是什么，需要从我们的演说中解决什么样的问题……这些都是我们演说前需要知道的听众需求。因为一场出色的演说的关键不是我们说了怎样的内容，而是我们解决了多少问题。

我在每一场的演说前都会根据听众的需求而变化演说的内容，因为演说好不好就在于我是不是能够对症下药，解决听众所要解决的问题。在演说的过程中，不仅内容需要根据听众需求随时更新，互动环节也要根据听众的群体不同而有所变化。如此一来，我的演说是动态的，也是根据听众的不同而有所不同的。当然，满足听众需求的前提是我完全掌握听众的需求。

2. 需求的正反面意见

听众的需求中还包括了他们可能提出的反对意见，对于这个方面，也要做好充足的准备。对于听众的反对意见，一定要在第一时间做出迅速的反应以及给出最准确的解决方案。如此一来，听众就会认同我们的演说内容以及我们个人的影响力。

如果我们在演说前对于听众的具体需求没有一个正确而充分的认识，那么听众就会在演说的过程中质疑我们的影响力甚至会觉得花钱来听我们演说不值得。这种情况是非常糟糕的，在遇到这种情况的时候，不要恐惧和慌张，我们可以根据当时的情况来解决。比如听众觉得你太年轻了，你就说一个自己年轻的故事；听众觉得你没有影响力，你可以将你以往的优秀成绩说给他们听。总之，我们要在满足听众需求的基础上用事实来说话。

我有一个学员在刚开始的时候对我的课程非常质疑，我对他说："第一天上完课程，如果你不满意的话，我可以立即将费用退给你。"结果上了四天的课程之后，这个学员对我说："程老师，你赶快教我演说吧！我现在特别相信你。"

实际上，我的话排除了他的一个心理障碍。于是，在以后几天的课程中，我逐步地训练他，让他自己对我有一种足够的信赖感。这些变化就是因为我知道他的需求是什么，他的需求就是要找一个演说的权威人士，然后学习最好的演说技巧，培养自身的演说能力。我对症下药了，所以我成功了。

听众的需求就是我们演说的目的，我们要在演说中解决听众需要解决的问题。这样的演说才是听众心目中好的演说。我们对演说的一切准备都是围绕着听众展开的，而要满足听众的需求，我们就要让他们看到真实的证据。没有证据，听众就不会相信我们。

总之，我们必须对症下药，切实可行地帮助听众解决问题，这样的演说才是成功而出色的演说。

准备 6：演说内容

演说前在具体内容上的准备是一项繁琐的工作，内容的多变与丰富是演说成功的基本保证，而充足的内容也是吸引听众最有利的方法。要想站在演说台上的时候有足够的自信和魅力，我们就需要将演说的具体内容融入到自己的头脑中。当你的演说稿不是背出来的，而是自然而然用自己的风格说出来的时候，就是你的演说即将成功的时候。

演说具体内容的准备，包括对演说所用的材料、素材、视频、书籍、图片等一切与演说内容相关联资料的收集和熟悉。

演说内容准备得越充分，我们演说的结果就可能越好，越能够达到我们的预期目标。

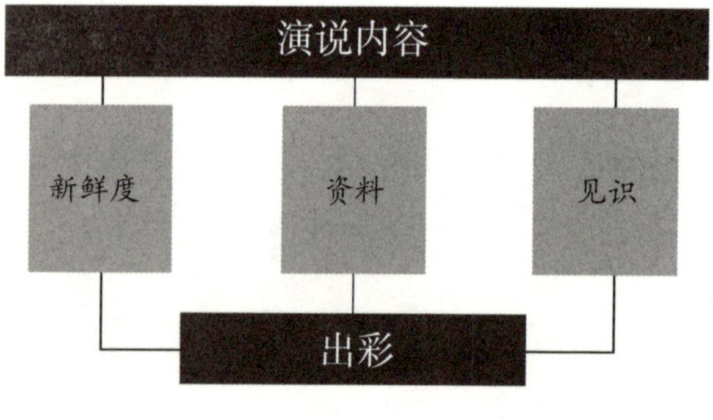

1. 新鲜度

演说的内容要保持一定的新鲜度，能够用一些听众没有接触过的、最新的知识和素材做演说的内容。因为新鲜感是每一个人都喜欢的，没有变化的演说是无法吸引听众的。保持新鲜感可以给我们的演说加分，而保持新鲜感的关键就是要了解你的听众。我们演说的内容要随时更新，不能因循守旧、停滞不前。我们要做别人做不到的事情，做别人无法想象的事情。要想做到这一点，我们就需要不断地学习，并不断更新自己的知识内容，将我们的演说内容做到“人无我有，人有我优”。

2. 收集资料

我在每一场演说前都会为自己的演说内容做好充分的准备。我很清楚演说要达到的目标就是让中国的大多数企业家成为超级演说大师，那么我就收集能够帮助我达成这个目标的所有资料，比如美国总统奥巴马的募集资金的演说视频、马云关于风险投资和谈判的演说、毛主席的讲话以及胡锦涛的演说等等。

收集这些资料都是为了丰富我的演说内容，为我的演说做准备。演说内容的关键部分还是要靠我自己来完善的。阿里巴巴集团创始人马云说过：“阿里巴巴集团可以拷贝一个，但是其他人无法拷贝我的父母，也无法拷贝我的历史。”这句话对我的启发非常大：我就是全球唯一的特种部队演说家，其他人无法拷贝我的经历，也无法拷贝我每天 3~5 场演说积累下来的经验。

实际上，其他人无法拷贝下来的事情就是我独一无二的经历和经验，这些都是能够使演说内容更加丰富的资料。所以，具体的演说内容需要公众资料，更需要个人资料，将这些资料融合进来，演说内容才会更加丰富多彩、动人心魄。

这个世界上每天都有不同故事发生，每个人的身上也在发生着不同的变化，这些变化都可以作为演说的内容。我们在演说中不但要将别人的故事，也要将自己的经历整理成故事讲给听众们。我们在每一天的努力奋斗中都会创造出许多故事，所以我们每一天的演说内容就会有新的故事加入。另外，我们在为具体内容做准备的时候，还要多听大师们的演说，多听名人的电视采访，多听国内和国外的老师们的演说，以此来丰富自己的演说内容，及时更新自己的知识体系。

3. 增长见识

古语有云："读万卷书，行万里路。"我们不应该做读死书、死读书的演说家，而应该走出去，到全国各地、世界各地去旅游和参观。因为旅游就是行万里路，旅游不仅能够让我们见识到不同的人文地理，而且会开阔我们的视野，提高我们的精神素质。然后，我们可以将我们的旅游见闻做成PPT，放入演说内容中。如此声情并茂的演说一定会吸引更多不同阶层的听众，从而使我们的演说取得更大的成功。

在准备具体内容的时候，不仅要资料充足，而且要充分地了解和熟悉资料，将演说内容变成自己心里的话。如此一来，我们的演说才会充满活力，我们的语言才会充满力量，我们才会达到演说的预期目标，最终成为一名优秀而出色的演说大师。

准备 7：熟悉会场

在演说的过程中，会场中有太多的因素会影响到演说家的情绪、演说的效果以及演说家与听众的现场互动。所以，演说前我们需要将会场中的情况都了解和熟悉到位，不能够有一丝一毫的懈怠。这就要求演说家每一场的演说都要预先到会场去看一看，亲自站在演说台上去体验一回，这样做的目的就是不让会场中的任何因素来破坏演说的效果。

演说家对会场的熟悉了解的程度，直接关系到演说的成败。

我的每一场演说，只要有条件我都要提前到会场中实地感受。如果我第二天要演说，那么我一定要亲自到会场去看一看，在台上台下走一走，这样我就能清楚我应该从哪里上台、站在什么位置效果最好。我会拿起话筒，预演一下演说的现场，感觉一下现场的氛围。站在现场的舞台上，我会清楚地知道舞台背景墙是什么样子、哪里是放音乐的地方、哪里布置得好、哪里还需要改进。对会场了如指掌，才会更加一心一意地完成演说。

1. 深入会场

世界级超级激励演说大师安东尼·罗宾就是最好的榜样。安东尼·罗宾在演说前都要派出一支非常专业的团队到实地检查会场布置，他自己也会抽出时间亲自到会场检查。有一次，安东尼·罗宾发现演说台比平时高出一层，他认为高出来的一层会影响到他与现场听众的互动沟通，于是为了重新布置这个舞台，安东尼·罗宾又多花了50万元人民币。有些人认为安东尼·罗宾的举动没有必要，但是作为演说大师，这是必须做的，更是不能够忽视和怠慢的。

演说家必须熟悉了解会场，这样的准备不能忽视。演说会场中的背景墙、工具、音乐、演说台、插线板、投影仪……所有的布置都必须一一检查过、使用过。这样，才能够保证我们演说的顺利进行和演说效果的最大化。

我们在检查会场布置的时候。要重点检查一下演说台的布置，切记不要在演说台上放太多的东西。演说的主办方有时候出于好意放上的东西，会影响到我们的演说。如果演说台上放的东西太多，在演说的时候就会有顾虑。因为害怕不小心会损坏这些东西，所以会变得缩手缩脚、小心翼翼，从而影响到正常发挥。演说台上的东西过多，也会分散听众的注意力，听众很容易把注意力集中在演说台放着的东西上，而根本没有听到我们在说些什么。

会场中明亮而充足的照明也是保证演说质量的关键之一，光明而温暖的灯光会让听众产生心情宁静、心胸开阔的感觉，而听众的情绪决定他们对演说内容的接受程度。如果演说会场的光线不足，就会让听众产生烦躁、焦虑、不安等不良心理反应，那么演说家多么精彩出色的演说都会在效果上大打折扣。因此，演说会场需要有充足的光线，以保证演说家和听众不会因为光线问题而使演说留下遗憾。

每一个成功的演说家都有亲自到演说会场检查的习惯，因为要想在一个完全陌生的环境中做一场精彩绝伦的演说几乎是不可能的。所以，对于熟悉了解会场的情况，演说家都非常重视而不敢忽视。

2. 检验会场

演说会场的布置是非常细致和讲究的，哪怕有一点点的疏忽都会影响到演说家和听众。环境对人的影响是巨大而明确的，因此需要我们对演说会场亲力亲为，一个背景、一根电线、一把椅子甚至是一个螺丝都要按照我们的习惯来布置，这样做就可以先排除一些对演说不利的条件。当我们熟悉了解了演说会场，我们就会感觉是在非常熟悉的环境下进行演说，这样的心理不仅对演说有利，更重要的是可以提升我们的演说效果，让听众看到我们最好的一面。

超级演说大师在演说前要做好以上准备，演说前准备得越充分，演说的过程就会越精彩。

第三节　中期练习：增加演说魅力的三项修炼

表达能力：演说

我曾和学员分享过这样一个小故事：

公司要把一位工程师晋升为总工程师，领导之间产生了分歧，众说不一。持反对意见者认为这位工程师在校期间，因违反纪律，受过处分。人事处长则认为这不能作为判断他工作能力的依据，所以，他在发言中穿插了一个笑话："从前，有一个叫艾子的人。有一次他坐船外出，船停泊在江边，艾子听到哭声，仔细观察之后，发现原来是一群水族在哭。

"艾子问'你们哭什么'。它们回答说'龙王有令，长有尾巴的水族都要杀掉。我们都是有尾巴的，我们要被杀掉了'。艾子听了，很是同情。可是定睛一看，发现其中有只蛤蟆也在哭，他很奇怪，就问'你跟着哭什么？你又没长尾巴'。

"蛤蟆回答说'我怕龙王追查我曾经做过蝌蚪的事儿呀'。"众人听了之后，哈哈大笑，最后一致同意提升这位工程师。

还有一个例子：

一位新县长刚刚走马上任，就组织县里的工作人员开会。在会议上，他做了即兴演说，他说："我的籍贯是长沙，并且在长沙读书、工作多年，长沙是我的第一故乡。但是，从到县里的那一刻起，我就是咱们县里的公民了。"大家听了很受感动，纷纷鼓掌。他又接着说："现在，不但我是咱们县里的公民，我的爱人、小孩的户籍关系也一同转到县里来了。应该说，他们同样是大家中的一员。我到这里来工作，那么这里就是我的第二故乡，就是我家了。既然我已经在这里安家，就要当好家，把故乡建设好，让这里的父老乡亲过上好日子。我相信，只要我们各级领导干部与人民群众同甘共苦，共同为建设家乡奋斗，就一定能够攻无不克、战无不胜，把自己的家乡建设好。"县长的这段话让现场的人热血沸腾，掌声不断。

这位新上任的县长在没有准备的情况下的演说，句句打动人心，说到老百姓的心坎里，实在是质朴无华，同时也是激情澎湃，抑扬顿挫，给老百姓留下了深刻而良好的第一印象，赢得了阵阵掌声。

演说应该像白居易在《琵琶行》一诗中说的"大弦嘈嘈如急雨，小弦切切如私语，嘈嘈切切错杂弹，大珠小珠落玉盘"那样，要形象，抑扬顿挫，铿锵有力，错落有致，轻重得体，高低有度。

首先，演说前的准备有以下几个方面。

1. 克服自身的紧张情绪

对那些讲话少的人来说，开口说话前紧张是必然的。但是，大家应该正视这种紧张，就算豁出去了，再紧张也得讲，俗话说"丑媳妇早晚要见公婆"。

如何消除紧张情绪?	
方法	描述
深呼吸	轻轻闭上眼睛，全身放松，在心里默默地查数，这样可以减慢身体的血液循环，让心神宁静，全身会产生一种轻松感
适当运动	紧张的情绪会使体内产生大量的热能，这时候适当地活动一下，不用做大幅度的运动，比如双手用力握拳，然后再放松，这样可以使肌肉缩紧再放松，肌肉的收缩会促使体内的热量散发出来
闭目养神	闭上双眼，用鼻吸气，心无旁骛，像打坐一样，可以达到安定情绪，暂时忘记紧张的效果
转移注意力	选择身边的某一物体，专注地盯着它看，然后分析它的形状、颜色等特性，让自己从紧张的情绪中跳出来
适当饮食	在身边备上一瓶水，如果感到紧张就喝一点儿，这样可以增加口腔内的唾液，保证喉咙湿润，也可以稳定紧张的情绪
情绪转移	如果感到非常紧张，就不要把注意力集中在讲话的内容上面，跟身边的人聊聊有趣的话题，把紧张的情绪转移，聊的话题越广、越深入，就越能够将紧张的情绪忽略

2. 构思腹稿

在稳定情绪的同时，要在头脑中理清讲话思路，不要慌乱，否则最终会导致语无伦次。构思腹稿要注意以下问题：对于自己不了解的事情不要冒充行家；不要在公共场合议论别人的缺陷；不要提及容易引起大家争论的话题；不要诉说苦闷，发牢骚。

3. 了解听众

无论是在哪里讲话，都要注意分析听你讲话的人。他们的职业、年龄、性别，这些条件都能够判断一个人的兴趣点。只有了解这些才能吸引听众。

4. 掌握即兴脱稿的技巧

即兴脱稿的技巧

部分	描述
开头	即兴演说是一种看人下菜碟、临场发挥的行为。所以它的开头不需要像事先准备稿件的讲话那样复杂，只要不是过于死板、枯燥都可以，因为死板、枯燥的开头会让接下来的讲话无法进行，也会限制讲话的临场发挥。俗话说“万事开头难”，有了好的开端也就成功了一半
过程	在整个即兴演说过程中要做到轻松、自然，时刻提醒自己说话的目的，说话围绕目的展开，轻松、巧妙地与听众进行思想交流。不要在讲话的过程中使用“总而言之”“概括地说”等词语，除非你的讲话真的要结束了。否则，这样的词语会让听众误以为讲话就要结束了，从而分散听众的注意力。
结尾	即兴演说的结尾是非常重要的，可以是鼓励的话，也可以是豪迈的总结语，结束语用得好能起到振奋人心的效果。结尾的方式大致有：总结式、升华式、启发式、号召式等
结束语	很多人在讲话结束的时候，都会说一些与讲话没有关系的话。比如有的人会说“大家已经觉得很啰嗦了吧”，或者说“不知道自己是不是把这个问题讲清楚了”，又或是“一般不会说这么多，也许是因为喝了咖啡的缘故”。这样的结束语看似幽默风趣，但其实在无形中降低了你整个讲话的水准。另外，不要在结束语中说一些与讲话内容风格不符的话。如果你的讲话让听众一直笑个不停，而你却在结尾时突然语风一转，变得消极悲观，就会让听众觉得大煞风景。好比正吃着一个苹果，却发现有只虫子在里面

即兴演说，考验的是人的口才和反应能力。掌握即兴演说的技巧非常重要。口才与人际交往、事业发展都有着密不可分的关系。俗话说，言为心声，口才好表明一个人的情商高；能说会道，口才好能让你的人际关系畅达；谈笑风生，口才好能够使你处世安乐；一鸣惊人，口才好能够使你升职加薪；口才好能够给你带来商机；神思妙语，口才好能够助你事业成功。

如何让即兴脱稿更吸引人	
方法	描述
出奇制胜	一般来说，生活中的即兴演说，如大会发言、祝酒词、开业贺词等选题的范围比较广泛，应用比较灵活。但是，那些带有较浓厚专业色彩的讲话，在选题方面就会比较受限制，如军事、外交、法律、学术等。当然，无论选题的范围是大还是小，在选题的时候都要注意立足时事热点，紧跟社会焦点，追求听众关注点，这样才能说出新颖、独到的见解
打腹稿	1. 喂，喂！这两个“喂”字是要唤醒听众，先激起听众对演说家演说内容的浓厚兴趣。开篇就采用生动典型的事例，道出主题
	2. 为什么要做演说？向听众说明为什么要听你的讲话，讲话的内容与听众有什么关系。当然，讲话的内容一定要让听众感到这就是在对他们说，让听众产生紧迫感。这样就能够吸引听众的注意力
	3. 举例。要想把观点解释清楚，光靠理论，空泛地谈是不行的，若想把论点生动、形象地印入听众的脑海中就必须举例。用事实说话，不但能深化听众的记忆，激发听众的兴趣，还能够帮助演说家更深刻地揭示主题
	4. 怎么办？演说家说了那么多内容，表明了观点，列举了事例，那接下来就要告诉听众你谈话的目的是想让大家做些什么，逐条逐句地说清楚、讲明白

肢体动作：收放自如

我们在演说中所展现的肢体动作就是给予听众最直接的视觉语言。

如果我们能够适中得当地展现自己的肢体动作，那么我们就会给听众留下非常好的第一印象，从而让听众认真对待我们的演说。相反，如果我们的肢体动作夸张做作，就会产生很大的负面作用，使听众还没有听到演说就对我们产生不好的印象。

现场演说要求我们能够收放自如地控制自己的肢体动作，一方面我们要从非语言沟通上控制肢体动作；另一方面我们要控制的是平时不经意的习惯动作以及潜意识的姿态和手势。控制好这两个方面，我们在演说过程中的肢体动作就会变得自信，并且可以从容地掌握演说全场。因此，积极而收放自如的肢体动作就是演说过程中的润滑剂。

我认为肢体动作不只是身体的动作，也包括面部的表情。在我还没有开口说话的时候，我会通过微笑来缩短我和听众之间的距离。温和而适中的笑容不仅可以放松我和听众的心情，也会让我在短时间内获得听众的好感。所以，积极而适中的肢体动作，我皆先从脸上的笑容开始做起。

首先，我会将腰板挺直，显出我良好的教养。接着，我会找到一个让我觉得自信也让听众感到舒服的动作站在演说台上。最后，我才开口开始我的演说。这样的一系列肢体动作做下来，我向听众传递了从容而坚定的心理状态，有利于听众对我建立良好的第一印象。

在演说的过程中，我的肢体动作会随着我的演说内容而有所变化。当演说的内容需要我激情四射的时候，我的肢体动作也会随之夸张热烈起来；当演说内容需要我淡定从容的时候，我的肢体动作也会变得内敛平和。总而言之，肢体动作的收放都要根据演说内容以及现场氛围而变化。如此一来，我的肢体动作才会让听众接受，而不会感到别扭和不舒服。

1. 肢体动作必须积极向上

演说台上的肢体动作必须是积极向上的，而不要是懒散疲倦的。积极向上的肢体动作能够带动现场听众的情绪，使得他们接受我们，听我们说。相反，懒散疲倦的肢体动作首先就是对演说和听众的不尊重，其次也是演说家没有诚意和素质的一种体现。因此，当我们站在演说台上的时候，无论你今天是否感觉到身体不适或者你昨天有没有休息好，我们都必须身体挺直站立，不要东倒西歪，两肩平衡打开。这样的肢体动作才会展现出我们对于这次演说的自信心和掌控力，让听众感到一种扑面而来的激情。

2. 肢体动作必须受到自身的支配

我们的肢体动作必须受到自身的支配，而不是随心所欲。从我们踏上演说台的那一刻开始，我们所有的肢体动作都必须是为演说服务的。我们不仅要随着演说的内容而随时改变自己的肢体动作，而且要根据听众的喜好来展现我们的肢体动作。我们必须明白的一个道理是：肢体动作也是一种语言，它是我们演说当中非常重要的组成部分。

肢体动作的收放自如来自我们对演说事业的热爱，也来自我们对现场听众的尊重。当我们风度翩翩地出现在演说台上的时候，我相信此时没有一个听众会看轻我们，也不会导致“你说你的，我就是不听”的情况出现。所以，肢体动作也是我们平时练习演说时的一个重点，积极向上并收放自如的肢体动作就是演说家另一种掌控全场、成功演说的有力武器。

叙事能力：讲故事

美国总统林肯曾经说过：演说就是讲故事，能通过故事来说明观点的演说才是好演说。

在演说中，我们常常需要运用故事来阐述自己的主张，抒发自己的情意。

故事的作用：

- 分享资讯；
- 平息流言；
- 激励人心；
- 赢得信任；
- 传递价值；
- 贩卖梦想；
- 号召行动；
- 化解矛盾；
- 说服他人；
- 倍增魅力。

在什么时候讲故事？

演说家在何时讲故事？	
讲故事的“黄金时间”	描述
加深理解时	故事是大多数人都会接受的方式。 一句话单独说出来会显得苍白，可能听众理解得不够深，如果你只是说一句“没有行动力，你的愿望等于零”，讲故事并不难，首先你要抓住自己讲的内容的核心关键词，如果你想说服对方提升行动力，那么关键词就是“行动力”
需要抒发感情时	喜欢听故事是人类的天性，因为故事能够传达其他语言传达不出的感情。台湾著名作家龙应台，在出席台湾成功大学的医学院的毕业典礼时进行演说，她讲了这样一个故事： “清楚地记得，我7岁的孩子上小学的第一天，牵着他的手走到学校，然后看着他，背着花花绿绿布满恐龙的书包，消失在教室门口。他不停地回头看我，我也万分不舍地痴痴看着他。我也记得16岁那年他到美国做交换学生，我送他到机场，看他背着年轻人的背包，消失在入关口，我站在后面，一直在等他回头看我一眼，但是他头也不回，一次都没有。于是我逐渐认识到，原来父母子女一场的缘分，就是注定了你此生要不断地看着他的背影，渐行渐远。今天，是你们的孩子、孙子的‘独立日’，其实，你们自己新的一课也从今天开始：学习放手，让他跌倒而不去伸手扶他。我从自己的经验知道，那是多么、多么难受的一堂课。” 她结合当时的情境，情在理中，情理相融
需要突出重点时	在演说过程中，演说家常常运用故事阐发哲理，也就是先讲述一些典型的故事，再阐发其中蕴含的哲理。这样情理交融的表述，往往会让听众获得深刻的人生感悟。 支撑演说核心的是观点，支持观点的是案例。一个演说只有一个核心，但是围绕支持这一个核心的却可能有很多观点，当你需要突出重点观点时，配合故事效果会更好。 会讲故事后，还要清楚自己讲什么样的故事，听众才爱听

通常两种故事比较吸引人：自己的故事和幽默的故事。

1. 自己的故事

我们在演说中可以将自己的经历和成长编成一个一个故事。这些故事对我们来说就是我们的历史和真实的过去；对听众来说就是快速了解和熟悉我们的有效途径。讲自己的故事不仅会增加我们的亲和力和真实性，而且会让听众更加觉得我们自然可信、不矫揉造作。

我们自己的故事更容易说服听众，也正因为是自己的故事，讲起来更加熟悉和具体。没有人比我们更了解自己，所以自己说自己就会比说其他人更深刻、更耐人寻味，而听众会从我们的故事中看到我们的真诚，看到我们发自内心的感情。这些故事会更有力地调动听众的情绪，吸引他们的注意力，让听众在短时间内接受我们的演说内容，并且愿意主动积极地思考和互动。

我是一个有故事的人，所以在演说的时候我就会说自己的故事。我会告诉所有听众，一个从小就没读过太多书的孩子，一个从小就受过各种苦难的孩子，现在是中国著名的演说家，也是创造了千万财富的演说大师，更是雄心勃勃要将中国企业家都培养成演说大师的人。

我的听众会从我的成长、经历、挫折、成绩中看到我的真诚以及演说的巨大魅力和正能量。于是，听众更加会觉得我所表达的思想和理念真实可信。他们会安静地听我说，并且积极主动地思考，以便更好地与我沟通。

每一次我讲到自己故事的时候，都是全场听众最安静、精神最集中的时候，因为他们知道我说的这些都是真人真事，没有丝毫的杜撰。不仅听众从我的故事中获得勇气和信心，我也通过这些故事与听众拉近了距离，成为朋友、同事、合伙人。

讲自己的故事一方面要真诚地面对自己，不要粉饰太平，也不要文过饰非；另一方面要真诚地面对听众，讲得不要夸张也不要过谦，事实怎样就是怎样。我们要尊重事实和生活，更要尊重自己和听众。

一般情况下，故事要真实可信，就必须完整而合乎逻辑。故事的完整性包括6个因素：时间、地点、人物、事件、起因、结果。而这6个因素之间是有逻辑关联的。我们在讲故事的时候，只有将故事的6个要素都交代清楚，才能够让故事情节连贯起来，在听众的心中留下深刻的印象，让他们相信站在演说台上的这个人是在用真心与他们交流，这个人愿意将自己的所有故事和情感都拿出来与他们分享、沟通。任何一个听众都不会拒绝如此有诚意的演说和互动，我们会在他们心中留下很深刻的印象。

我们将自己的故事融入到演说中，从另一个角度说也是满足了听众对我们的好奇心。作为一名优秀的演说家，绝对不能忽略听众的这种好奇心。如果我们能很好地利用听众的好奇心，那我们的演说往往就会达到事半功倍的效果。每一个人都有自己的故事，在讲述了我们自己的故事之后，在互动环节中我们也可以听一听听众说他们自己的故事。如此有来有往，才是一场真正成功的演说。

2. 幽默的故事

在演说的过程中，一万句大道理也比不上一个幽默的小故事。幽默是一种能力，也是一门语言艺术，更是每一位演说家都必须掌握的技能。我们要学会在任何场合下都能讲出一个合乎情理的幽默故事，因为幽默的故事在放松现场听众心情的同时，也会让我们的演说显得更加有趣而充满活力。

每一个人都喜欢在轻松自在的环境中获得有用的知识和信息，而且人们在笑过之后会更容易接受一些事情。讲幽默的故事不是一件简单的事情，要讲得好，要讲得到位。我们要将故事中的幽默因素全部发挥出来，我们要知道哪些幽默适合哪些场合，因为随便讲幽默故事往往会造成不必要的难堪和尴尬。因此，我们要让现场的听众觉得演说中的幽默故事是即兴的，也是我们信手拈来的，从而让我们的幽默故事显得自然而亲切。

讲幽默的故事是我在演说中经常会运用到的一种技巧。因为幽默可以缓解紧张的气氛，也可以让听众保持一种愉快的心情，而我也能够在一种轻松的氛围中完成演说。要想讲好幽默的故事也是需要一些技巧的。

我一直认为，不会讲幽默故事的演说家不是一个好的演说家。这是一项演说技能，不仅可以帮助演说家，也可以帮助听众，可以说是有百利而无一害的。所以，我会在每一场演说前都照着镜子练习讲幽默的故事。

要想把一个幽默故事讲得声情并茂，让听众忍俊不禁，达到我们讲故事的目的，我们就要充分利用自身的资源和能力。在调动起听众的好奇心之后，给他们来一个出其不意的笑料，增加故事的感染力和戏剧性。

如何让你的故事更幽默?

方法	描述
让情节起作用	幽默故事要达到使人发笑的目的，会有许多辅助的情节，而我从来不会忽略这些辅助的情节。只有将这些辅助情节讲好，才能让故事情节步步递进，在笑料和包袱的地方才会获得预期的良好效果，让幽默的故事真正地幽默起来
运用好包袱和笑料	我会将我要用的幽默故事反复地记熟，然后将其中的笑料和包袱找出来，逐一分析该如何运用才能够达到最佳的效果。我尽量让每一个笑料和包袱都起到一定的作用，而且我会在每次讲完故事之后都回忆当天听众的反应，并从中总结经验教训，以便使下次讲得更加出彩
肢体语言要配合好	我在讲幽默故事的时候都会为自己设计一些表情和肢体语言，让听众立体地感受到故事的精彩和幽默。表情和肢体语言可以让故事活动起来，不再只是语言而已，有些时候动作也是决定故事精彩与否的关键

（续表）

如何让你的故事更幽默？	
方法	描述
不要自己笑个没完	最大忌讳就是听众还没听明白你在说什么你自己就先笑个没完，让听众感到莫名其妙。这样做很容易引起听众的反感，并且让听众对你的能力和实力产生怀疑，甚至不愿与你互动沟通。结果，我们辛辛苦苦做的准备,满怀热情的讲述却成了打击我们的事情，那是得不偿失的。因此，想要将幽默的故事讲得精彩到位，我们需要不断练习和琢磨。我们可以将自己准备的故事说给朋友和同事听，先看一看他们的反应再做出相应的调整，以求达到最理想的幽默效果

幽默故事要讲得好、讲得全场皆笑，不仅是演说家的一种技巧，更是演说家的功力。看似不经意地说着故事，听众在哈哈大笑的同时也会对演说家更接受一分，并对演说家的实力更加肯定和信任。我们也会在轻松愉快中完成演说，证明自己的实力，提升自己的影响力，逐渐成为一名淡定而富有经验的演说家。

第四节　后期应用及落地：当自己的演说教练

虚心请教：听取他人建议

我们是演说家，但是我们并不完美，而且我们也不是事事精通，所以我们必须向身边所有的人虚心求教。哪怕这个人的学历、家世等各个方面都不如我们，我们也要从他的身上找出他的长处，然后求教于他。或许我们现在的演说事业非常成功，耳边的批评声越来越少，我们似乎也不需要他人的建议。但是，只要我们身上还有缺点的存在，我们就需要他人的批评和建议。

放下所谓的成功者身段，用一颗平常心去向他人求教，并且耐心而真诚地听取他人的批评和建议。这样做才是我们进步的途径，我们也才会成为自己希望成为的人。

我在每一场的演说之后不是要问我的听众、朋友、同事我讲得有多好，而是希望他们能够告诉我我讲的哪些地方还可以更好。我清楚地明白，要想在演说行业中走得更长远，就必须不断提高自己的演说水平。接受他人的批评和建议，就是提高自身演说水平最有效也是最快捷的方法。

演说是一门综合的艺术，需要我成为一个杂家。所以，在日常的生活中，只要我看到可以帮助我演说的人和事情，我都会追着人家把技能教给我。这些技能表面上看起来与演说的关系不大，但是在实际运用中却帮了我很大的忙。比如让演员教我在舞台上如何收放自如地说话，收集一些生活中的真人真事并把它们编成故事，等等。

实际上，只有我虚心地承认自身的不足，我才能够学习到更多的知识和技能，才能够从他人的批评和建议中获得更好的进步，从而不断地完善我的演说。

1. 善于发现的眼睛和平常而谦虚的心态

现实生活中，我们要有一双善于观察和发现的眼睛，更要有一种平常而谦虚的心态，虚心向所有的人请教我们不知道或者不甚了解的事情，并且从他人的建议中获得更好的进步。最重要的一点是当我们受到他人批评的时候，我们不可以急着与人争辩甚至出言不逊。批评的话也许并不好听，但别人说的可能正是我们自己无法察觉的缺点。别人批评你就是在帮助你，我们不应该反感，反而应该感谢他们。

站在演说台上，我们表现得越优秀，听到的批评声就越少，得到的建议也会越少，但这并不代表我们没有缺点，也不代表演说无懈可击，更不代表不需要他人的批评和建议了。如果用一种傲慢无礼的态度对待他人，那么不但没有人会对演说提出批评和建议，而且也不会有人愿意给予批评和建议。久而久之，我们就会被无形地孤立起来，不知道自己的演说到底是好还是不好，就会迷失方向，失去目标。

2. 虚心地接受批评

这是成长的关键，只有接受他人的批评和建议，我们才会更加清楚自身的缺点和不足。无论我们多么聪明，拥有多少智慧，我们在用自己的眼睛看自己时都会带有很强的主观色彩。所以，我们要经常问自己："在他人的眼中，我是个什么样子？"带着这样的疑问，我们会在未来的路上学习到更多的知识和技能，也能够交到更多志同道合的朋友。最重要的是，我们会获得更有价值的批评和更有建设性的建议。

自我反省：鼓励自己成长

每一个演说家都应该养成这样的个人习惯：在每一场演说结束之后都要看一看演说的录像，并进行自我检查和自我反省。这样做的目的就是要督促自己不要停下脚步，不要骄傲自满，在成为超级演说大师的道路上不知疲倦地奔跑。

如果我们对自己的一切行为都非常满意，也不做自我检查和自我反省，那么站在演说台上的我们就会盲目地骄傲自大。原本非常精彩的演说也会变成你一个人的大秀场，而听众也会由我们的交流沟通者变成单纯的聆听者。这样的演说是无聊而无趣的，你不仅砸了自己的品牌，也停止了自我成长。

演说家的成长

1. 客观自我评价

我会在每一场演说结束后进行一番冷静而客观的自我评价，然后我会反省自我的表现，找到演说受欢迎和不受欢迎的原因。当然，自我反省并不能等同于自我批评，我在自我反省中不仅要找到自身的缺点和不足，也要肯定自己的优势和长处。如此一来，我就通过自我反省的方式建立起一套相对完整的自我成长体系，起到鼓舞和激励自我的作用。

2. 建立强大的内心世界

要想让自我反省发挥鼓舞和激励我前进的作用，就要建立起强大的内心世界，接受自己的缺点和不足，直面困难和问题。在每次的自我反省之后，我都会找到一些需要改进的地方，然后尽我所能去改善演说中不足的地方。也许有些糟糕的情况不可能一下子好转，这个时候我会劝自己静下心来，只要我在进步，那么一切都会变好的。

3. 自我反省

我的自我反省不是自我批斗，我不会将自己评价得一文不值，只看缺点而忽略优点。我要客观地观察自我，得到确切的优势和不足，为更好地发展演说事业而做好一切相关准备。

自我反省归根结底是为了更好地向前发展，也是为了鼓舞和激励自身不断地成长，更是为了达成内心的终极目标。所以，不要对自己过于严厉，在承认自身的不足的同时也要肯定自己的进步和优势。这样，才会在每一个自我反省的过程中得到继续前进和成长的动力。

演说对于每一个演说家来说都是一种可以终生为之奋斗的事业。正因为如此，我们才需要养成自我反省的习惯。在自我反省中，获得更多对演说事业有利的因素，也排除那些不利的事物，让我们一点一点地进步，从一个不知道演说为何物的新手成长为一名优秀而成熟的演说家，进而成长为一名超级演说大师。这是一条光明大路，却不是一条平坦的路。所以，作为一名演说家的我们就必须学会自我鼓舞和激励，不断地坚定自己的信念，成为越来越完美的演说家。

实际上，从听众的角度上看，演说家也会有许多完全不同的看法和意见。我们既能从几乎完全相左的意见中获得对于完善我们演说有利的信息，也能从另一个角度证明自我反省的重要性。要想成为一名受欢迎的演说家，对待自身的态度就必须做到端正而客观，不骄傲自大，也不妄自菲薄，公正地对待自己才能获得更多的尊重。总而言之，我们进行自我反省的最终目的，就是要找到鼓舞和激励自我的因素，起到对成长继续推进的作用。

分享经验：形成独特风格

演说是一个传递思想和分享心得的过程。

所以，作为职业演说家的我们只有将自己对生活、事业、创业、财富等的心得充分地分享给听众的时候，才能够成就自我独特的演说风格。演说家最大的忌讳就是没有属于自己的演说风格，如果我们的演说没有任何个人风格，那么我们的演说就会湮没在众多的演说当中，并且会被听众以最快的速度忘记，留不下影响和痕迹。

要想通过分享心得来获得听众的认同感，首先就要参透听众的心理需求。演说家站在演说台上之前都要进行一番非常周密详细的准备，而在这些准备当中最重要的，不仅是我们要讲什么，也要明白听众想从我们的演说中听到什么。如果我们分享的自我心得正是听众想要听到的，那么我们的心得就会成为演说家和听众之间的媒介，成为彼此了解和接受的开始。

1. 分享成长经历，练就演说风格

我最喜欢与听众分享的心得就是我的成长经历，比如我是如何从一个调皮捣蛋的孩子成长为一名合格的社会主义人才，进而成为一名演说家的，我会将我在成长中遇到的困难、问题、挫折和迷茫等都讲给我的听众，以此来引起听众的心理共鸣，并且让他们看到我的与众不同之处。

演说风格的形成与每一个演说家独特的成长经历都有着不可分割的关

系，独特的演说风格就是来自个人独特的成长经历以及独特的心理感受。而我在演说中要做的事情只是将这些独特之处都讲出来，分享给我的听众们，这样做就在无形中帮助我形成了自我的独特演说风格。

毋庸置疑，演说风格是一场演说的个性标签，更是留给听众印象最深的部分。因为每一个人都会对与众不同的事物和人物产生兴趣，从而认真观察，进而了解并接受。听众在这个过程中会不知不觉地跟着我的演说节奏走，跟着我的喜怒哀乐去感受生活和人生。我则会通过分享心得来掌控全场的听众需求，进行一场心得和观点的交流沟通。

2. 分享独特的心得，让听众铭记

在演说中分享我们对生活的独特心得，正是我们成就自身独特的演说风格最有效也是最快捷的方法。当我们形成了一种只属于自己的演说风格之后，我们就会从众多的演说家中脱颖而出，让听众记住我们，记住我们的演说所传递的思想和观点。这才是一个演说家真正的成长和成熟。

我们在每一场演说之前都要将分享的心得提炼出来，以便适用于这一场演说听众的心理需求。如果我们在演说中分享的心得并不是这一场听众想听到的，那么我们的分享就很容易变成一场忆苦思甜的大会。这样的演说只会让听众觉得痛苦，而且越快结束越好。当然，这样的演说也不会让听众记在心里，恐怕在他们没有离开会场之前就已经忘记了。

心得分享成就我们的演说风格，而且是成就我们独一无二的演说风格。如此一来，我们就会在满足现场听众全部需求的同时让自己被听众记住，并且成为听众眼中一道独特的风景线。这是作为职业演说家的我们对事业的追求，也是我们最独特的个人魅力和影响力之体现。听众只要听过我们的演说，就会将我们记在心里，这是对我们辛苦演说最好的回报和褒奖。

完善技巧：提升演说能力

完善我们的演说技巧是非常重要的一项工作，演说技巧的完善也会让我们的演说能力以及演说所造成的影响力不断地提升和扩大。完全掌握和熟练地运用演说技巧是演说家的首要任务，也是我们演说事业上升的阶梯。简单地说，我们的演说技巧的高低是与演说能力的高低成正比的。

对于演说家来说，演说技巧是我们赖以生存的武器。

演说中所运用的技巧是在不断地更新换代的。

如果我们对自己的演说感到心满意足，觉得我们的演说技巧已经足够用了，那么我们就将面临演说事业的下滑以及听众对我们演说的不满意。所以，我们要在不断学习和练习中完善和更新自身的演说技巧。实际上，我们可以从许多同行那里学到自己不会的演说技巧。只要我们处处留心，就会学习到很多的新技巧。

我从事演说事业已经许多年了，我的演说训练营如今已初具规模，我的学员也已经遍及各个行业。因此，我对演说技巧有一些了解和研究。

我发现演说中的一些关键技巧是在不断翻新中的，就算我们掌握了最完美的演说技巧，也还是有完善和上升的空间的。

俗语说："山外有山，人外有人。"我们所掌握的演说技巧也许在我们的圈子中已经很完美了，但是当我们走出去的时候就会发现其他演说家所运用的演说技巧比我们的要好得多。因此，提升演说能力的关键点就是不断地发现新的演说技巧，并不断地完善自己的演说技巧。

我在从事的演说教学工作中得到一些心得：演说技巧的完善永远没有封顶的时候，而且有一些演说技巧很容易运用不当。这样的情况不仅会发生在演说新手的身上，一些有经验的演说家也不能幸免。

由此可见，完善演说技巧是演说家一项非常重要的任务，也是一项不可间断的任务。如果我们在演说中能从容地运用演说技巧，那我们的演说就会是成功的，这也是我们演说能力的一项充分的证明。

1. 找到自己的缺点和不足

要想将演说技巧进一步完善，就要先找到自己的缺点和不足，然后再有针对性地进行练习和补充。切记，永远都不要给自己封顶，不要觉得自己已经很好了，不用再进步了。要想成为最好的演说家，就必须给自己预留一个上升的空间。只有找到自身演说技巧的不足，我们才会虚心求教，向同行学习，向前辈学习，向自我学习，从而完善演说技巧，提高演说能力。

2. 熟练运用技巧

我们熟练地掌握了许多演说技巧，也能在演说中准确地运用，这些对于一个以成为超级演说大师为事业目标的演说家来说是远远不够的。演说能力的高低不仅是决定一场演说的成功和失败的主要因素之一，更是决定我们的演说事业成败的关键。而演说能力的高低又取决于我们的演说技巧。

由此可见，学习新的演说技巧，完善已经掌握的演说技巧是演说家日常工作中的重中之重。通过完善我们的演说技巧来提高我们的演说能力，并且给自己留有进步的余地，这是我们要努力的方向和目标，也是我们成就自我演说事业的最好途径。对于演说家来说，没有最好，只有更好。

观摩视频：自我修复提升

如果演说有秘诀，那就是在每次讲完之后，重新回看，观摩自己的演说视频，**不断自我修复及提升，不断精进，持续练习。**

也许听众不会立刻发现你哪里讲得不好，因为他们既然来听课，说明本身是认可你的。

但是你心里要清楚自己的每一场演说到底发挥得好不好，因为这是你的专业。

每一次演讲之后，你都应该观摩自己的演说视频，对自我的表现进行评分，看哪里做得好，哪里做得不好。然后对不好的地方进行修正。

打分的项目包括：

- 你的文字修辞是否精妙得当？
- 你的声音语言是不是铿锵有力、恰到好处？
- 你的肢体语言有没有发挥出设定的效果，和你的声音配合得是否天衣无缝？
- 你在互动环节表现得是否自然，和听众互动得是否流畅，现场气氛是否热烈？
- 你在开场和结尾表现得如何，开头有没有一下子抓住听众的心，结尾有没有再掀高潮？

● 你在演说途中表现得如何，是否遇到问题，是自己失误还是被听众干扰，你是如何应对的？

根据以上内容给自己打分，你发挥得是“非常好”“一般好”“一般”“比较差”，还是“超级差”？

再次回看演说视频并总结，你的失误点在哪里？

最后根据失误点，反思自己该如何修正自己的表现，然后期待下一次演说。

只有这样，下一次遇到同样的问题，你才会临场不乱，表现得更好。

如果你表现得不如预期，说明你练习得不够多，还须不断精进。

我每一次在正式演说之前都会不停地观摩我的演说视频，大脑就会不自觉地记住这些。

1. 没有最好，只有更好

精彩的演说需要你持续地调整内容。例如，尽管你在企业管理中要讲的内容就几个方面：愿景、变革、行动、使命……但你的演讲永远不会只有一次，而是很快会有下一次。那么，你每次讲完，都有必要观摩之前的演说视频，持续地修正，使你的演讲更精进。

2. 唯有付出行动，才能精进完美

狄更斯一直被后人称为“伟大的雄辩家”。

事实上，狄更斯的先天条件并不优秀，他说话呼吸急促，说话也不是很清楚，声音低沉，甚至周围的人经常听不懂他在说什么。

在狄更斯的时代，只有善于雄辩的人才更容易引起他人注意。尽管狄更斯考虑问题十分周密，非常擅长分析，他可以预见时代未来的发展方向，但他十分清楚自己的缺点——欠缺一定说话水平。他认为，一个人如果只有想的能力而没有说的能力，将很快被时代遗忘。

狄更斯为了锻炼自己说话的能力，精心准备了一次演说，演讲内容都是自己反复推敲设计过的。可惜的是，狄更斯的第一次演讲以失败告终。但狄更斯并没有因为这次失败而灰心，反而比原来更加努力练习。经过了几年时间的自我修炼提升，狄更斯终于获得了回报，当他再度登台演讲时，赢得了听众的认可，一举成名。

从开始学会说话到离开这个世界，讲话贯穿我们的一生。既然演说是我们攀登人生巅峰的必修课，我们就必须花时间投入，才能不断精进，使演说趋于完美。

第四章　如何让演说出彩

——没有天生的演说家，只有不努力的人

演说的舞台就是演说家的战场。

既然是上战场，就不能打无准备之仗。作为超级演说家，人人都希望自己的演说出彩。

但是，这世界上没有天生的演说家，只有不努力的人。

演说过程中的技巧至关重要。

演说家要想帮助和影响别人，不仅要在征服听众之前先征服自己，要想成为超级演说大师，还要让自己的演说有声有色、有模有样、有血有肉、有条有理、有始有终、有情有义、有张有弛。

如此这般，我们的内心就不会再有恐惧和不安，当我们站在舞台中央时，就会用自信和实力来吸引听众，赢得更多的掌声。

第一节　有声有色：让语言充满节奏感

调整说话节奏

声音是传达内容的媒介。

通过你的声音可以知道你的情绪，声音是你展现自我不可或缺的工具。

在上面我们提到，讲话高手的独特魅力在于，他们在日积月累中形成了自己标志性的说话风格，他们的声线各有各的特色，行为举止恰到好处，只要是听到声音就可以判断出讲话的人是谁，这就是特色之所在。

可悲的是，随着年龄的增长，每个人不知道什么时候开始学会既定的交际模式，说话的语言不再充满好奇心与活力，没有了兴奋的手舞足蹈，也没有了欢快时节奏明快的语速。其实大家失去了最本真的东西——鲜明的自我。每个人都有很多错误的习惯需要改正，如说话太快或者太慢，讲话没有逻辑性。演说家要做到的是说话自然。讲话要自然，就是要求你把自己的想法、思路完整、清晰地表达出来。当然，那些讲话高手绝对不会词穷，不会认为一句话已经无法再扩充，不会觉得换种表达方式就没有逻辑性。这些人总是爱钻研说话的技巧，喜欢把说出的话变得更动听。你要让听众感受到你发自内心的自信心，如果你的声音是虚的，暴露出犹豫、支支吾吾的情况，那么听众也会觉得你对自己说的内容不坚定，还怎样去信服你并对你的讲话感兴趣呢？还有的人在讲话时张不开嘴，总是用鼻子发音，这样的声音是含糊不清的，给人不礼貌的感觉，要知道，只有抱怨的时候才会用鼻子发出不屑的声音。

最重要的一点：最好不要夹杂地方口音，如果你确实需要用方言来表达，那么一定要事先跟听众有个交代，否则别人会在你的乡音中找不到方向。怎样才能练就说话的技巧呢？

首先这取决于你说话的“声音”，也就是你本身的性格以及你所处的场合所需要的情绪。一般而言，发音要清脆洪亮、掷地有声。表达得清晰才见得有自信，不做没有目的的表达，这样才能给听众一种从容感。那么怎样才能做到从容呢？

调整说话节奏

- 分场合定音量
- 有轻有重，快慢结合
- 情感的自然流露
- 不要在演说中分心

1. 分场合定音量

怎样控制说的音量呢？你演说的时候是不是太轻声细语了，以至于大家都听不清你在讲什么？

当然，如果是和朋友三三两两细语轻声，那再好不过了，你的声音太大反而会打破这悠闲的氛围。但是，如果你是站在台上，面对众多听众的时候，你还这样轻声细语，那你上台的目的是什么？你的声音应该足够大，让在场的所有人都听得清楚。这是对听众的尊重。如果听众听不清你讲话的内容，即使你准备得再充分，主题再鲜明都是徒劳。你的讲话是对公众说的，而不是自言自语。

如果讲话声音太低，或者口齿不清，都会让听众听得一头雾水。他们很有可能怀疑你的水准和你的态度。当然，也不能无限放大你的声音。有的人站在台上演说的时候，会用过高的声音控制听众，要知道过高的声音会让你看起来像一头咆哮的狮子。你那么具有攻击性，听众也会自然地形成一种防御心理，也就不会专心听你演说。这时，你还能完整地说出你的内容吗？要知道讲话不是你一个人的事情，观众时刻与你同在。

2. 有轻有重，快慢结合

演说要有轻重，这是语言表达的基本要素之一。随着重音的变化，听众会更加清晰地理解你要表达的意思，平铺直叙只能让你的演说食之无味。当你要着重强调的时候，你就要适当地提高你的音量了，这样才能让听众分清主次，丰富演说的层次感。声音的高低直接影响听众的接受程度。当然，也不要一直保持较高的音量，持续的高音跟持续的低音效果是一样的，都有一个致命要害：缺少变化。音量的变化是突出重点的工具，你要充分地利用它，要根据内容的不同调节音量，这也是情绪的外在表现，做到抑扬顿挫就再好不过了。

在和别人聊天时，声音会像波浪一样高低起伏，这种状态是最舒服、最让人感到愉悦的，也是最自然的方式。但是，在做一些比较正式的讲话时，这些令人舒服、愉悦的感觉全都消失不见了，声音变得平凡而单调，就像潮汛退去的海平面，没有了一丝波澜。这个时候，你就要想想为什么会这样了。

3. 情感的自然流露

语言是讲究技巧的，它的技巧之一就表现在演说家在表达时情感的自然流露。市面上大多数有关演说与口才的书上都把语言技巧分为四类：语意的停顿、重音的分辨、节奏的快慢和语调的高低。在一些常见的演说教材里，都对这四类分别做了归纳。

其实，大部分教科书上把语言技巧分成这四个类别，只是建立在理论研究的基础之上，并不适合实际训练的情况。

许多人运用动作表达法来练习语言技巧，都觉得非常实用。其中有一位体会者说："用动作表达法来演说真的太好了，比如说在朗诵诗歌的时候，再也不用费力去死记硬背哪个地方该停顿，到什么词用什么样的语调了，只要用动作表达法来做就会很自然地把自己的感情融入到诗歌中去，那些语音、语调、重音和节奏也自然而然地就说出来了。经过一段时间的练习，也能够做到抑扬顿挫地朗诵了。"

4. 不要在演说中分心

众所周知，无论是生活中的演说还是站在台上朗诵，都要高度集中精神，只有思维和情感高度集中在你演说的内容上，才是讲话人成功的首要任务。

大家在日常生活中经常说一心不可二用，就是说人的大脑不能同时做两种思考。头脑中要想讲话的内容就无法再想讲话的形式，要是在想着怎样用更好的形式来表达就无法再思考讲话的内容了。所以，如果演说家想要在面对公众讲话时一鸣惊人，就一定要一心一意地把心思放在讲话的内容上，不要去想怎样运用语言的技巧。你在讲话时想着什么时候该高音、什么时候该低音、重音是放在句首还是句尾、什么时候加快语速、什么时候放慢语速，那么这个时候你就已经分心，你已经从你讲话的内容中跳了出来，这时候你的讲话也就缺乏了真实的情感。

这样的问题，每个人在起初练习演说时都会遇到，都会感到非常苦恼，因为在刚开始学习的时候，初学者都会参考很多演说技巧的书籍，按照书上总结的理论去练习，就养成了一个不好的习惯：拿到一篇稿子，先把句子的停顿、词语的重音、音调、节奏划分出来再进行练习。一上来就找这些技巧性的东西，反而让演说变得更加生硬，毫无情感而言。要知道重音的表达在理论上是没有错误的，但是听起来却是生硬的、非常突兀的。整篇稿子读起来，到底在说什么，自己也不是很清楚，因为演说家把精力都集中在了语言技巧上，后来在慢慢摸索中，才能逐渐发现动作表达法。通过动作表达法来练习，可以不自觉地帮助演说家加深印象，将注意力完全集中在要说的内容上，而不是只注重形式而忽略了最重要的东西，最终才能把自己要表达的情感完整地呈现给大家。

练习说话语调

人在情绪低落的时候，语调自然平淡没有波澜，苍白而无力；人在情绪高涨的时候，语调便生动而有趣，亢奋激昂。那么，你的语调又是怎样的呢？是波澜不惊，还是慷慨激昂？是平和舒缓，还是抑扬顿挫？

在适当的场合运用恰当的语调，你的声音将是最美妙的音符。

“多媒体时代的局限性”——在这个日新月异的时代，这个演说主题是很具有感召力的，可是演说者从开始到结束，全都是一个语调，完全没有起伏，同学们听得昏昏欲睡，有的中途退场。事实上，语调是说话内容的代言人，它就像我们说话时的表情一样，具有你意想不到的感染力。比如，当我们与他人通电话时，我们是看不到对方的，只能通过他的语调来感受他的心情。如果对方语调热情洋溢，那么我们就能判断出他的心情很好；如果对方的语调幽怨，那么可能他的心情比较低落，这个时候你跟他开个玩笑的话，是不是就不合时宜了呢？

如果把一次演说比作一首曲子，那么语调就是曲子的灵魂。所谓的语调，就是人们在说话时所发出的语气和音调，它包含了说话人的语言感情。

语调是人们说话内容的部分，它能够传达出比讲话内容更多的信息量。打个比方，如果你的语调是很深沉的，那么你传达给别人的就是踏实、真诚的感觉，别人会更加信任你的话，这样也更能体现演说家对听众的尊重。

注意语调，不但可以塑造属于自己的独特声音，使声音成为自己的代言人，而且，可以让人听了如沐春风，感同身受。比如说，一个语气助词“啊”，用不同的语调就能表达多重意义，它可能是问句，也可能是肯定语气的，还可能是在抱怨，不同的语调表达出来的感觉是不同的。语调的魅力在于：它让你的讲话丰富多彩，声情并茂。

生活中，很多人都没有意识到语调的重要性，他们觉得语调就像天生的嗓音一样，没什么值得研究的，也没想过要去改变，这些都是错误的想法。要知道错误的语调会传达给别人错误的信息，你明明是肯定别人的话、赞同他的想法，可是你的语调中，却带着轻蔑与不屑，这简直是太糟糕了，你想表达的内容也就失去了意义。演说家总是挖空心思去完善和改进说话的内容，想让内容更丰富、更充实、更有吸引力，殊不知，错误的语调却能在一瞬间毁掉你所有的准备。简单的一句“你好”，就可以看出两人的关系，是朋友还是客户，是亲人还是恋人。如此众多的信息，都在这一个简单的语调当中，要知道语调的辨识度大得出乎你的意料。

如果说语调是美妙的音符，那语速就是华美的乐章中最重要的旋律。

要想树立自己的说话风格，做一个讲话有特色的人，请注意你说话的速度。生活讲究节奏，走路也有节奏，说话也是讲究节奏的。控制你说话的速度，让自己做一个有节奏的人。说话的节奏体现在语速的快慢上，有快有慢，有起有伏，自然就会形成悦耳动听的节奏。节奏的变化能够体现语言的魅力，能让你的讲话更加生动、有吸引力。

当然，如果你希望在别人面前展现出精明干练的形象，那么你要肯定你的语言，你的语言应尽量简短精练，语调上扬，语速明快，要知道影响说话节奏的两个基本要素：说话的快慢和内容的繁简。倘若你说话的语速过快，别人就很难听清楚你讲的内容；倘若你说话语速过慢，就会给人慵懒拖沓的感觉，让听的人着急。在日常生活的交流中，语速的快慢直接影响信息传达的质量。

请先试着说这句话："非常荣幸能够被贵公司邀请成为今天的首位演说家！"你可以先用热情的声音说"非常荣幸能够被贵公司邀请"，然后稍作停顿，谦虚地说出下面的话，你一定能够得到意想不到的效果！

但是，需要注意的是，假如你在长篇大论时，就要根据自己的音调来决定语言的节奏了，如果你的整场演说都是刻意地停顿、延长尾音，那么就会遭到听众的厌烦，最终导致演说气氛的下滑，达不到预期的效果。

那么怎样才能掌握好说话节奏呢？

1. 记录自己的声音

演说家所听到的自己的声音是会说谎的。想要知道自己声音是什么样的，你最好把自己的声音录下来。你会发现，录下来的声音跟自己平时听到的说话声音差别好大。嗓音变粗了？语速快得像是扫射机？语调也不是那么柔美？只有反复地记录，不断地认识自己的声音，才能更好地改变你的语速、语调。

2. 迅速奔向主题

优秀的演说家都有一个共通点，就是能够直接并快速地奔向主题，让听众迅速了解他们的意思，而不是像有些人那样绕来绕去，旁敲侧击的，这样只会让听者一头雾水、不知所云。所以，对于你要说的话，在表达时一定要保证语句简洁，而不是别人问你拖把在哪儿，你说了一大堆，甚至包罗了拖把是怎样制造出来的。当然，这个说法有些夸张，但只是想告诉大家，啰唆会带来什么后果！明明可以用很简明的语言就说清楚的，可是很多人偏偏喜欢用过多的修饰词语来表达，这样做只能分散别人的注意力，甚至不知道你要表达的重点是什么。

3. 主题要明确

人们在说话的时候都有一个明确的主题，也就是你要表达意思的中心思想。如果你所说的话存在多个主题，那会是怎样的结果呢？事实上，要想讲清楚一个主题都很困难，更不要说多个主题了。除此之外，还有很多演说者喜欢描述细节，我想这并不是一件坏事。但是你必须注意的是，不要让细节抢了你主题的风头。倘若你在演说时，把精力和时间都集中在对细节的描述上，那么，要表达的观点就不能清晰地呈现给大家了。可不要妄想对方愿意对你的细节深思熟虑，再深入解读你的观点，要知道大部分人是不会这样做的。所以，你的表达要让听众能够快速准确地抓住信息要点，这才是最重要的。

发音清晰准确

加拿大麦克马斯特大学心理学系研究人员做了两个实验：

第一个实验：

他们征集了125名志愿者，给他们播放9位美国总统的录音，并把每位总统的声音做了处理，通过音频软件处理成高音和低音两种版本。志愿者要根据他们听到的每个声音进行打分，根据听到的声音对这个人的吸引力、领导潜力、真诚度及管理能力等方面打分，最后分两种情况选出他们心中的总统，一种是在和平时期，一种是在战争时期。结果显示，实验对象给出的投票动机各有不同，但是9位美国总统的低音版录音明显击败高音版，成为更容易获得“选民”信赖的对象。

第二个实验：

研究人员找来另外40个人，给他们听普通男性说话的录音。结果，实验对象还是把票投给了声音偏低沉的人。

1960年到2000年，在这期间的8次选举中，最后当选总统的人都是嗓音较低沉的。

研究报告在《进化与人类行为》杂志上发表。麦克马斯特大学心理学系博士生卡拉·蒂格说：“实验结果表明，投票选举时，选民会把（候选人的）

声音因素作为一项投票标准考虑进去。”

之前的研究显示，嗓音低沉是由于体内的睾丸激素水平较高。蒂格说，嗓音低沉是拥有吸引力和支配力的表现。因此，在投票选举时，选民会不由自主地选择嗓音低沉的候选人。

“就算是在现代，也是这样。”她说。以英国前首相玛格丽特·撒切尔夫人为例，她在大选之前进行演说训练，让自己的声音听上去不那么尖利，从而能够赢得更多选民的投票。

戴维·范伯格教授说：“选民认为自己愿意把选票投给嗓音低沉的人，是因为声音低沉的人更具吸引力，但其实是因为在选民的潜意识中感知到声音低沉的人更具支配力。”

在日常生活中，那些听起来浑厚、饱满的声音总能吸引大家的注意力，也会更受欢迎，相反，破锣似的沙哑嗓子总是让人心生厌恶。

声音的训练可以加大演说家的肺活量。氧气充足的人通常面色红润，肌肤较好；而肺活量低的人，也就是氧气不足的人，通常面色灰暗。其实，声音的训练，不仅可以在演说方面给大家很大的帮助，而且还会对身心健康起到好的作用。那么怎样才能快速有效地让自己的发音清晰准确呢?

1. 锻炼丹田之气

一般人呼吸的时候，是肺部的上半部分进行作用，肺部上半部分的气体反复与外界氧气进行交换，这就使得体内的浊气没办法排除干净。要知道，上半部分的气体只换回了一半的新鲜空气，那么下半部分的浊气就长期停留在肺部，没有办法排出体外，日积月累就会体现在演说家的脸上，身体也会越来越虚弱，气虚、气短、声音底气不足，说出来的话就单薄而无力，缺少力度和韧性。

俗话说“练声先练气”，气息是人体发声的动力。它是发声的基础，就像汽车上的发动机一样。发声与气息的大小有着直接的关系。气息不足，声音就绵软无力；但用力过大，又会损伤声带。

那么怎样才能做到让说出来的话字字铿锵、掷地有声呢？

这也就是下面要说的练气了。所谓“练气”就是要把体内全部的浊气都呼出去，用外界的新鲜空气取代体内的浊气，把外界的新鲜空气“抽”进肺的底部并保持住，学会自主控制肺中的气息然后再慢慢放出。那么怎样才能控制气息呢？这就要依靠我们的腰部力量了，控制气息主要是通过腰部来实现，用腰部的力量可以紧紧将外界新鲜的空气拽住并使气体下沉直至肺底。气在肺部沉得越深，底气就越足，声音自然就会变得洪亮有力。当气息下沉到肺部的底层时，人体就会得到更多的新鲜氧气，你的肤色自然也会变得红润、白净。练完声之后，演说家会发现，整个人感到格外清新，身体也变得清爽、健康。

2. 吐字清楚，发音准确

吐字清晰看似与发声没有关系，其实二者是息息相关的。只有在发音的时候做到清晰、准确，吐字才能“字正腔圆”。

大家在刚学认字的时候，都会学习汉语拼音。众所周知，每一个汉字拼音都是由音节组成的，而音节又是由声母、韵母组成，每个音节还有音调。使用在韵母前面的辅音，跟韵母一齐构成一个完整的音节的是声母，声母一般都由辅音充当，发音时多数气流不振动声带，声音不响亮。在普通话中，一共有 21 个辅音字母。要了解声母就必须知道它们的发音部位。

发辅音的时候，气流在口腔中会受到发音器官的阻碍，气流必须突破这些阻碍才能发音。声母共有 7 个发音部位。

如何正确地发音？	
类别	描述
双唇音	发音的时候，上下嘴唇碰撞，形成阻碍，如，b、p、m
唇齿音	发音的时候，上部牙齿与下嘴唇碰撞，形成阻碍，如，f
舌尖音	发音的时候，舌尖抵触上牙齿，形成阻碍，如，z、c、s 舌尖中音：发音的时候，舌尖抵触上牙龈部位，形成阻碍，如，d、l、n 舌尖后音：发音的时候，舌尖向上翘起，抵触硬腭，形成阻碍，如，sh
舌面音	发音的时候，舌面抵触硬腭，形成阻碍，如，j、q、x
舌根音	发音的时候，舌根与软腭形成阻碍，如，g、k、h

语气抑扬顿挫

语气的抑扬顿挫是随着演说家的思维而改变的，我们要学会用语气的抑扬顿挫来表达我们的思想和演说内容，使得我们的演说更加立体和系统，让听众接受起来更加容易并记忆深刻。演说的过程中，听众会自然而然地注意到我们语气的改变，同时也会对我们改变语气之处的内容留下深刻的印象。因此，我们要非常精细地控制语气，不要随便加重音或者随便降低语气，这样做会让现场听众感到混乱，不知道你到底是要强调什么内容。

一句话、一段语言都有着自身要表达的意思，而语气中的抑扬顿挫不仅能将意思表达得更具体和完美，而且能将内容表达得更加出色和精彩。

语气是多变的，而多变的语气是演说家的制胜法宝。每一个成功的演说家都会用语气来更好地诠释自己的演说，用语气的变化来达到万众瞩目的效果。

1. 限制重点是为了突出重点

我会在演说中严格控制语气的变化，限制演说内容中的重点强调。这样做就是为了让听众听到一个重点就记住一个重点，而不是茫茫然、不知所措。比如我说："我说，我看，我征服。"这个句子，我可以将这三个词语都加重语气。但是，如果我在"我看"的后面停顿一下，那么整个句子所表达的意思和意境就完全被突显出来，让听众深深地记住“我征服”这个内容。

2. 语气抑扬顿挫

语气的抑扬顿挫需要和演说的内容以及肢体动作相结合。如果我们单纯地变化语气，会让听众感觉到不适或别扭，那么我们就无法获得语气变化的最好效果。相反，如果我们将语气、内容、动作都结合得完美而统一，就会给听众很好的视觉效果，对演说起到很好的推进作用。要想演说收到积极的效果，我们必须对演说中的一切细节足够重视，而语气的变化是这些细节当中非常重要的一环。一场成功而精彩的演说，演说家绝对不会是一个不会运用语气抑扬顿挫的人。

语气的抑扬顿挫还能帮助我们自然、生动、有感染力地完成我们的演说，当我们可以自由驾驭语气变化时，我们就能自由而随意地表达自己的观点。

语气也是我们演说风格的组成部分，独特的语气运用让我们在显得与众不同的同时，也为听众传递更有用的信息和办法。在演说的过程中我们的语气变化既能提升演说的魅力，也可以让我们显得更加从容而自信，一个成熟的演说家就是能够完全驾驭语气变化的人。

语气的抑扬顿挫是需要长时间练习的。在平时的练习中，我会建议我的学员将自己的演说录音下来，然后一遍一遍地放出来。先给自己听，自己听不出来缺点就放给朋友、同事听，让所有人都来给你找缺点，这样做我们才会不断地进步和提高。

3. 张弛有度的表现力

要成为一名优秀的演说家，就要培养自己张弛有度的表现力，在语言上更需要精益求精。如果我们只是单纯地说，没有起伏，不带任何情绪，语气平淡没有变化，那么现场的听众就只好退场或者打瞌睡了。相反，如果我们的语气有高有低、平缓有度，那么我们的演说就会充满魅力和力量，让听众感到欲罢不能，感到心情愉快。现场听众会沉浸在我们妙趣横生、千变万化的演说中，自然而然地接受并记住我们和我们的演说。

第二节　有模有样：让听众记住你的风格

用微笑感染你的听众

人们面带微笑是潜意识中的快乐所决定的，不自觉的微笑会感染他人，积极向上的态度和形象也会更容易让他人亲近。

人人都喜欢春天，因为它是万物复苏、生机勃勃的季节；人人都讨厌秋天，因为它是落叶飞舞、万物凋零的季节。人也是一样的，当你不开心时，就会皱起眉头，眼神犀利，让人望而却步；当你开心微笑时，就会嘴角上扬，眉眼弯弯，让心容易亲近，自然也会带动听众的情绪，大家也会被你所感染，喜欢上你的演说。

张先生从小继承家产，不到30岁就已经拥有几家公司的股权，穿戴都是名牌。他虽然很聪明，但是外在的浮夸让他显得非常傲慢，平时为人也比较自私，所以很多人都不愿意跟他接触。但是，就在上个月他却发生了翻天覆地的变化，身上的名牌西装换成了简洁大方的T恤，曾经趾高气扬的样子也消失不见了，待人接物态度温和，脸上也总是挂着微笑。

原来这巨大的转变源于不久前的一次经历。

几个月前，他去百货公司为即将过生日的母亲挑选礼物。他刚从豪车上下来，迎面撞上一个身材高大的男人，那人没有一丝歉意，反而回头说了一句脏话。按照他平时跋扈的个性，一定不会轻易放过那个男人，但是那天是他为母亲挑选礼物的日子，心情非常好，只是淡淡地笑了一下，还向那个男人说了句“对不起”。那个男人也没有再嘟囔下去，而是突然跑开了。张先生没把这件事放在心上，可是回家后他才发现自己手上戴的劳力士表不见了。这时候电视上的新闻报道称就在张先生买礼物的那家商场发生了重大抢劫伤人案件，歹徒砍伤了一个驾着豪车的男士，还抢走了他身上的现金及名表等贵重物品。张先生认出电视上的劫匪就是自己撞到的人，他很庆幸自己当时没有和他起冲突，现在想起来都后怕。

试想如果当时张先生意气用事与歹徒发生冲突，新闻上被报道的人就会是他了。他努力回想是什么让自己免于这场灾难，原来是他的微笑，因为母亲生日，他心情大好，不自觉地就表现在脸上，是这个微笑救了他自己。

在日本，有一位茶道师胆子很小，因为外面世道乱而不敢出门，每次出去都要乔装打扮一番。一次他扮成武士出门办事，碰到一个浪人。浪人看到茶道师就上来挑衅，说要和茶道师比剑道。茶道师吓得说出真相，浪人更加愤怒了，说：“你明明是茶道师却扮成武士的样子，这是在侮辱武士，我一定要你死在我的剑下。”茶道师灵机一动说：“我还有事情要办，明天约在桥边见吧！”浪人答应了。茶道师心想自己已经没有退路了，只好让自己死得有尊严一点儿了。第二天他按时赴约，浪人看见茶道师就拔出剑，可是茶道师却神情自若，微笑着看着浪人，不紧不慢地把帽子摘下，脱下外衣，慢慢摆放整齐。浪人看到这个举动很害怕，在这生死关头还气定神闲，他感觉茶道师的功夫一定高深莫测。这时，茶道师拔出剑，浪人被茶道师淡定的眼神和从容的微笑给震慑住了，突然跪倒在地，说：“求您饶我一命，是我自不量力。”就这样，茶道师不费吹灰之力就赢了这场比试，他用从容的微笑征服了嚣张的浪人。

要知道微笑的力量是无穷大的，对观众的征服力也是不知不觉的。是什么让《蒙娜丽莎》这幅画广为流传？这幅画到底有什么魔力让各界人士着迷？她的秘密武器就是那一抹微笑，是微笑让她征服了全世界！蒙娜丽莎的眼睛溢满微笑和善意，是微笑战胜了语言，不用开口说话已经全都明了。全世界都为这一抹微笑所倾倒。

相信很多学生都有一种感受，喜欢面带微笑的老师。试想，如果老师在开始上课前就绷着脸走进教室，学生们就会觉得很压抑、很紧张，教室里静悄悄的，没有互动，没有沟通。老师像是复读机，学生听课听得索然无味，连大气都不敢喘。如果你是家长，你会愿意让孩子在这种氛围下学习知识吗？相反，如果老师面带微笑地走进教室，讲解知识的时候，学生也会跟着互动，融洽的课堂氛围一下子就出来了，学生的积极性也被调动起来。我相信，大家都会记住老师的微笑，因为这微笑是亲和的表现，是肯定的鼓励，那么怎样才能用微笑感染你的听众呢？

1. 找出不足，不断改进

金无足赤，人无完人，每个人都会存在不足和缺点，但是只要你能认清自己，找出不足，勇于向自己挑战，并通过后期的努力甩掉自己的缺点，就能让你充满信心，面对公众的时候，笑容也就不自觉地流露出来。

2. 让笑容充满自信

信心是一个人说话做事的基础，如果你唯唯诺诺、自怨自艾，那么你肯定是说不好话、做不好事情的。要从内心建立起信心，让自己看起来神采奕奕。自信能给人一种值得信赖的安全感。

一个在台上充满自信心的人一定是事先做好充分准备的人。俗话说，“机会是留给有准备的人的”，如果你没有做好充分的准备，那么即使给你再多的上台机会，你还是一样会说不好，一团糟。要想达到成功说服别人的目的，一定要做好充分的准备，所以，在你开口说话之前一定要大量地搜集相关的资料，并进行整合、归纳、总结，把搜集到的东西加入自己的理解和观点。充足的准备可以让你自信满满，充满激情，与此同时也会对自己有新的认识，积累更多的经验，建立完善的信心盒子。自信心是你通往成功的金钥匙，有了这枚金钥匙，你的思想会更加成熟，视野会更加开阔。

想要建立自信，首先就要给自己一定的心理暗示，这将对建立自信心有很大的帮助。

另外，在搜集整理资料后，要确定这个话题是有价值的、能够深入人心的。坚定自己的信念，不断地告诉自己，你的演说将改变许多人的命运。其次要集中注意力，不要想那些分散你注意力的事情。有的人在没上台前就想了很多的突发状况，比如，万一演说中途忘词了怎么办，万一停电了还要不要继续讲下去，等等。这些杞人忧天的想法已经把你的自信心打入谷底了。所以，一定要集中注意力，认真准备资料、稿件。最后要对自己进行适当鼓励，给自己加把劲儿，“我一定能说得很好，我准备得很充分，我的演说很有感染力，我的声音很有吸引力”，等等，都能增加你的自信心。

举手投足间尽展风度

风度是一个演说者的言辞和思想的和谐体现，也是一个人内在品格的外在表现。

如果一个人腹中空空，夸夸其谈，没有好的内在修养，那么他自然也不会是一个谈吐优雅的人，也就没有所谓的风度，更不是一个有魅力的演说者。

风度是一个人本我性格的体现。性格温和、勤于思量的人，说出的话会更简洁明确，并富有感情。而性格豪放、不拘小节的人，说出的话更直白、一语中的。风度是一个人内在涵养的体现。一个有涵养的人遇到上人不卑不亢，遇到下人亲和有礼。任何没有目的的表达、没有内容的讲话都是没有风度的表现。

大家所说的风度，一般是指言行举止、表情姿态都从容大方。一个人说话的风度是他思想的高度在语言方面的体现，同时也是他内在涵养的表现。保持讲话的风度是成为一个有魅力的演说者的重要途径。拥有一个好的说话风度，是非常有吸引力的。男人说话的风度体现在阳刚之气，女人说话的风度体现在温柔有礼。我们都仰慕那些善于交际、彬彬有礼的外交官，也为那些政治家的豪言壮语所倾倒。德国戏剧家莱辛曾经说过：“风度是美的特殊再现形式。”

国内一个知名创业人士，作者曾有幸听他的公开演说。从上台开始，他就神情自若，讲话也像是在跟朋友聊天一样。他在台上小幅度地走动着，并没有时刻盯着观众席，看起来有点儿像自说自话，还自嘲地说："或许我的陕西普通话会让你们听起来比较吃力。"全场都笑了，适度地调节现场的气氛让他看起来更亲近。他给大家展示了一张照片，这张照片是他与合伙人唯一的一张合影，中间是一个手机娃娃。他说这张照片让他永远铭记当初为什么选择这条路！他说他最骄傲的事情不是取得了怎样的成绩，而是在这样的大环境下他还活着，他的团队还是一如既往地坚持着！演说的最后，大屏幕上出现一张他骑单车的照片，他说他热爱骑行，希望大家环保！

相信每一个听过他演说的人，都会被他的魅力所吸引，被他的情绪所感染。他时而谦虚，时而幽默，没有过多繁杂的官方语言，每一句话都掷地有声，充满正能量！这也是他个人风度的体现。

那么，我们怎样才能在举手投足间尽展风度呢？

1. 言行举止，保持身份

一次，卡耐基去参加一个宴会，一位商人在背地不断地向他人诋毁卡耐基。这时候卡耐基就站在他的背后，不但没有作声，还微笑地看着他。当此人意识到卡耐基的存在时，觉得非常尴尬，卡耐基却主动上前与他握手问好，化解了这一尴尬的场面。试想一下，如果卡耐基当众打断商人的话并与之争论，结局又会怎样，肯定是宴会上的一场风波，扫了大家的兴致，也会成为别人茶余饭后的笑料。卡耐基的行为就是有风度的表现。

演说家的身份决定了语言的重要性，要说得准确、精悍、有力度。从演说家说的话中，可以看出他这个人是否符合他的地位，同时也能判断出演说家的能力、素养的高度。所以，演说家要时刻保持语言的魅力和独特性，形成自己的语言风格，展现出应有的演说家的风范。无论出席怎样的场合，演说家都要时刻注意自己说话的方式，要亲和大度，这样才会让听众发挥更大的主观能动性。如果是外交官出席外交场合，就要不怒而威，讲话要铿锵有力、掷地有声，具备高度的感召力与威慑力。

说话风度的呈现是多种多样的。有讲话口若悬河侃侃而谈的，也有短小精悍、轻松幽默的，更有谈笑风生、温文尔雅的。每个人都应该根据自己的性格特征培养自己讲话的风度，因为每个人的思维方式、智商、情商都有所不同，所以说话的风度也会体现不同。

2. 打造有魅力的眼神

要知道，一个人的眼神是最能够传达出内心想法的，眼神的表意力度仅次于语言。当人与人交谈时，如果不敢与人对视，则表示他害怕、紧张、心虚，不知道目光应该放在哪儿，躲躲闪闪，游离于世。这样的人既不能清晰地表意也无法通过别人的眼神了解信息，最终他的讲话只能成为自说自话，让听众昏昏欲睡，乏味没有新意。

作为一个演说家，更要注意自己的眼神所传递的信息，是亲和，还是威慑，让人通过眼神来知晓你的意思，要充分利用眼神表意的特点。事实上，演说家在讲话时如何运用眼神是有很大学问的。

如何让眼神更有魅力？

方法	描述
扫视	演说家上台讲话时，可以将视线按照从左向右，或者从前到后的方式进行扫视，这样不但可以照顾到每一个听众的情绪，让人感觉你在与他们交流，还能起到一种威慑的作用，当然，这种技巧比较适合大型的会议或者比较公开的大场合

（续表）

如何让眼神更有魅力？	
方法	描述
对视	当你讲话时有人对你的话提出疑问，你一定要与他有眼神的对视，这样做不但是对提问者的尊重，也能通过眼神传递自己的见解与真诚的态度，让听者的积极性被调动起来，参与到你的讲话当中来，还能让你的注意力高度集中，清楚地理解提问者的问题以便做出完整的回答
外交注视法	当你出席社交场合时，这种外交注视法就再好不过了。外交注视法是指用眼睛看着对方鼻梁的部位，既能缓解自身的局促，又能让别人觉得你是在友好地注视他，与别人交流时，也会营造出一种融洽的社交氛围，给人感觉像是多年的老朋友一样亲切

在与他人交往时，演说家不但要知道对方的眼神要表达的意思，更要学会用自己的眼神来“说话”。通过以上的介绍，大家应该对眼神的表意有了大致的了解，而一些小的细节更是不可忽视的。切记，千万不要斜眼看人，这种方式会让人觉得轻浮，同时也是对人轻视、不屑的表现。这样的做法可是会让你与风度毫无关系的，更不用谈魅力一说了。

3. 不能缺了肢体语言

林肯要强调一件事或者某个观点的时候，甩动头部的动作会更加明显。随着演说时间的推移，林肯的肢体语言会越来越自然。有的时候为了表达喜悦的情绪，他会高举双手，大约与身体呈 50 度角，掌心向上。有的时候他为了表达愤怒的情绪就会紧握拳头，抬起双臂在空中快速挥舞。例如他在表达对黑奴制度不满的时候，他厌恶的情绪通过这样的肢体语言表达得淋漓尽致。林肯总是双脚并拢，站姿整齐，更不会倚靠在任何的物体上。在演说的过程中，他会时不时地用左手抓住衣领，拇指向上。林肯的肢体语言是如此丰富，林肯公园内的林肯雕像所采用的就是这个经典的姿势。

每个人都会有属于自己的肢体语言，当你站在台上讲话时，一定要挺起胸膛，这样不但能显示出你的精神还能把你自信的一面传递给听众。记住，这些习惯要在平时就养成，不要等上了台才这样做。要知道习惯成自然，久而久之，无论你处于什么样的场合都能给人自信满满的样子。

手势也是演说的一部分，要做到点到为止，这样既不会占领你的语言主权，又会给你的演说锦上添花，要知道手是人身体最灵活的部位，只要依照情绪的起伏适当地发挥就好。值得注意的是，不要反复地使用同一个手势，那会让你看起来有点儿紧张，手势不要突然停止，那样会太突兀。手势是辅助有声语言的良好工具，演说家应该学会正确地使用它。

4. 坐姿、站姿、走姿

演说家给人留下的整体印象是非常重要的，尤其是他的肢体形象，例如坐姿、站姿，这些肢体形象跟他的相貌有着同等的重要性，因为它们都能反映一个演说家的风韵。假如一个演说家在肢体形象上不能显示出作为演说家的良好形象——“站没站相，坐没坐相”，那么就算这位演说家口才卓越，能力超群，也不会给大家留下好的印象。

第三节 有血有肉：让听众为内容心动

储备材料，丰富你的“资料库”

戴尔·卡耐基先生说过：“你要尽量去了解你所讲的内容，了解的程度要超过你所讲的40倍。”

想在演说时言之凿凿，充满信心，就要储备材料，丰富你的“资料库”，确保对你所讲的内容非常熟悉。

那么，这样做对演说者的心理到底有什么帮助呢？坦博，美国著名作家，她经常为了几页纸的文章去搜集几本书的资料。她说：“我搜集到的资料，虽然不一定全部会用到，但是我在写的时候就会很有底气，资料的储备能够让我的思路更加清晰，下笔更加流畅。”

一次公开课上，一个学员上台讲微博营销的重要性，她提到一个例子，×××是微博营销的见证者和推动者。到了互动环节的时候，有人问她：“为什么说×××是微博营销的见证者和推动者？”这个时候她就蒙了，急得满头大汗，说话也不那么有条理了，最后直接说：“不好意思，我今天准备得不够充分，请大家原谅！”其实，她完全可以在搜集资料的时候找出

×××的微博，对微博的内容进行举例分析，这样既简单明晰，又言之有理。

到了下一次上课，她直接走上台，对上一次的讲课进行了补充。这一次她把内容进行了重新整合，并且举了大量的实例，包括微博红人、明星、普通人等等。从她流畅的表述中，可以感受到她的热情远远大于上一次的讲话，整个人的控场能力强大了不少。下面的听众也是认真地听着，还时不时地点头回应。

从这件事就可以看出，储备材料，对内容的熟悉是至关重要的，它能够让一个人讲话的心理状态及外在表现截然不同。

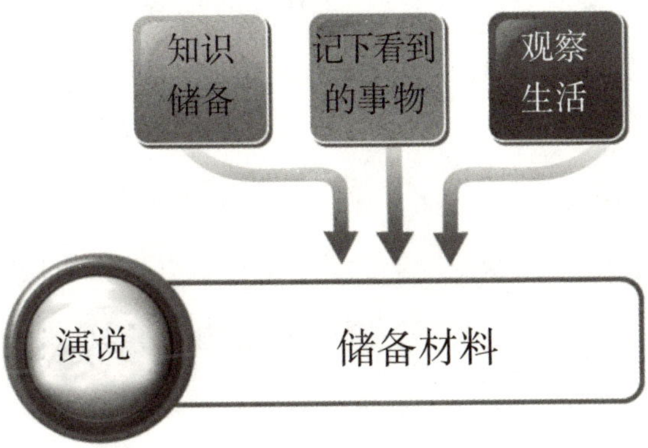

1. 有充分的知识储备

对于那些工作了的人来说，在职场中的讲话一般都不会超出自己的专业范畴，因为其他行业的人也不会要求你做超出你职业范围的演说，那么你对自己的行业熟悉度是怎样的呢？要想成为行业的精英，你对自己专业知识的掌握到了什么程度呢？如果你想成为行业领域的领头羊，那么一定要对你的专业知识非常精通，这样你的讲话才会充满自信。更多的知识储备能够让你在讲话时从容自主，更有把握。平时多学习，深入思考，多和同行人交流，都是非常有帮助的。

2. 把看到的东西记下来

老师经常会说一句话——“好记性不如烂笔头”，也就是说，在你读书、看报或上网的时候，一定不要只是看看就算了，因为看过之后就忘了，不会有什么太深刻的印象，随着时间的推移，你的印象会变得越来越模糊。但是，如果你身边随时都备好纸笔，可以把你当时感兴趣的事情记下来，或许是一条新闻，或许是一篇好的文章，或许只是你脑子里闪过的一个想法。没事的时候就翻翻曾经记过的东西，时间久了，这些你记下来的东西就会转变为你讲话的最好素材。将这些素材时刻铭记在你的心里，你讲话的姿态就会越来越从容。根据这些素材，加上你的观点、你的想法，你的讲话将会更有说服力。

3. 注意观察生活

合理使用谈话的素材，这样，你在阐明自己观点的时候才会有据可依。好的讲话素材可以为你的演说锦上添花，它能够让听众有所思有所想，从而产生共鸣。当然，我们不仅要学会如何收集有用的素材，还要懂得怎样利用素材达到你想要的效果。所以，这里所说的讲话之前的准备并不是普通的准备，而是你要时刻观察生活，注重细节，把生活中发生的每一件事都当作日后讲话的素材，日积月累，生活中这些丰富多彩的内容就是你讲话的最大资本。只有把准备融入到我们的生活当中来，才是高级的准备方式。你的经历、别人的经历都是你日后讲话最好的素材，也是最宝贵的财富。

为了使自己成为一个优秀的演说家，在面对生活时一定不能马虎了事，更不能有随便无所谓的态度，也许你觉得长时间地用笔记下一些事情很难坚持，但是，这是提高你演说水平的最好方式。你得到的不仅仅是口才上的锻炼，你的思想、看待事物的观点也会更加成熟！

找对内容，成功演说的开始

比尔·盖茨曾应邀在母校哈佛大学 2007 年的毕业典礼上发表演说，那次演说非常成功，赢得了阵阵掌声。

演说的时间只有 25 分钟，但是比尔·盖茨却花费了 6 个月的时间精心准备演说内容。2006 年的 12 月他开始为半年以后的演说做规划，搜集资料，写初稿，还为此次准备精心制定了时间表，从选择主题、手写稿件，到修改、定稿，包括演练的时间、讲稿各个小节需要的时间都在时间表上进行了详尽的规划。在初稿形成的时候，比尔·盖茨找来一位助手协助他，两个人就讲稿的内容、涉及的问题、各个环节可能出现的情况都进行了讨论，一起对材料进行整合、加工、提炼，准备出 6 个草稿，然后他把草稿发给信得过的同事，让他们提意见，然后再进行修改，进一步完善讲稿内容。他认真的态度就像小学生一样。最终在毕业典礼上，比尔·盖茨与哈佛校友分享自己创业时候的经历和多年的感悟，演说的效果可想而知，这与他 6 个月的精心准备是分不开的。

俗话说，“巧妇难为无米之炊”，再心灵手巧的妇人，没有大米也做不出可口的饭菜来。演说也是一样，如果你在讲话时，没有好的内容去支撑，那么你的演说将是一场空洞、枯燥乏味的噩梦。在生活中，大家会不会有这样的感觉——和一个人面对面的时候，不知道该说些什么？冷场的时候是很尴尬的，这也就是演说家的讲话材料不够丰富造成的。

内容是演说时要运用到的理论依据，它可以是事件案例，也可以是你的感悟。演说时若是缺少了内容，就会没有说服力，不能感染听众。

什么是内容？

内容是哲学名词，指事物内在因素的总和，与“形式”相对。世界上的任何事物没有无形式的内容，也没有无内容的形式。内容决定形式，形式依赖内容，并随着内容的发展而改变。但形式又反作用于内容、影响内容，在一定条件下还可以对内容的发展起有力的促进作用。内容和形式是辩证的统一。它与形式是里和表的关系，是肉和皮的关系。

“我在搜集资料的时候，总是要搜集多于我演说内容十倍的资料，有的时候会更多。”畅销书《听众内幕》的作者约翰·甘德说。甘德先生曾经在写有关精神病院文章的时候，亲自去各地的医院，跟院长、医护人员和病人谈话、聊天。据他的一位助手说，他们每天楼上楼下穿梭，从一栋楼到另一栋楼，最少也要走好几英里路。没过多久，甘德先生就搜集了好几个笔记本的内容，上面记满了大大小小的事件，有发生在病人身上的故事，有与院长的谈话内容，还有他自己的亲身感悟。在他的办公桌上，全是政府的文件、医院的报告，还有各种其他的统计资料。

但是，最后他整理出来的文章只有四个小短篇，既简单又生动有趣，可以称得上是很好的演说材料。这四篇短文章的纸重也许只有几盎司，但是，他搜集的资料和他用笔记本记下的那些珍贵材料，却有三十几磅。甘德先生为了这四篇短文章所付出的精力和搜集到的资料是远远超过最后的成果的。

经常会有人问这样的问题："有时候想表达事情的时候，就会突然不知道用什么词或句子来形容、来表达。有时候知道是什么意思，却不知道该怎么说。有时候说到激烈的地方，很想表达出来，结果说得前言不搭后语。这是不是因为自己的知识面太窄，身边沟通的人不多？怎样做才能有所改善？或者该看什么样的书？"

如何才能找对内容，成功演说？

1. 随时记录

在你看书、看电视、浏览网页的时候，对于那些典故、名人传记、轶事、名言警句，觉得有用或是读了有所感悟，就用笔把它记录下来。在和别人聊天的时候，那些有意思的故事、有趣的经历，或者是灵光一闪的感悟，也都要随时记录下来。不然，随着时间的推移，你脑子里的灵感，或者是闪过的想法就会越来越模糊，最终消失得无影无踪。现在是科技高速发展的时代，是多媒体畅行的时代，网络、手机为演说内容提供了良好的平台，你需要的相关的理论，都可以在网上搜到，还可以扩展到资料的相关背景，在你搜集的时候就要进行记录。久而久之，你说话的时候就会更有底气，这样才能把搜集到的材料变成你自己的。

2. 自身的经历就是最有价值的内容

卡耐基先生说过这样一句话："最好的演说要花十年时间来准备。"他说："讲话要讲那些你有资格说的事情，可以是你的亲身体验、自身经历，也可以是你经过长久研究得到的。不要只利用十分钟或是几天来准备，最少要花上十年的时间去准备，那才是真实的，说出来也会引起共鸣的故事。在你讲之前要想想它是否能让你自己感兴趣，要先感动自己，才能感动别人，要讲讲那些你非常想与听众分享的事。”只要是与你自己的家庭有关，或是你自身经历的童年记忆，又或是与你在校生活、奋斗经历相关的话题都能够引起听众的兴趣。俗话说“世上没有两片相同的叶子”，但是，人人都有一个共同的心理，就是对别人的事情感兴趣。别人生活在怎样的环境中，遇到过什么样的困难，之后又是怎样突破难关的，这些独特的内容都吸引着每一位听众。

语言通俗，听懂最重要

什么是演说的通俗性？是指那些令人愉快地接受的语言。例如，有的人演说生动活泼，让人一听就明白是什么意思，表达上也能做到深入浅出，语言大众化，人们的接受度非常高。

一些语言只有某一特定领域的人才听得懂。还有一些行业的英文缩写，如 AE、PM 等。像这样的行业缩略词汇数不胜数，这些由首字母组成的语言，对于那些不熟悉的人来说，就像鸭子听雷一样，倾听者听不懂你说的是什么意思，可能也不会对你发问，一般人都会随声附和，然后把注意力转到其他地方，或是直接微笑走开，所以，在你使用专业术语的时候，要确保你说的东西别人可以听得懂。如果你所说的话，别人不能够理解，或是超出了别人的知识范畴，那么无论对于你还是对于听者，都是非常悲哀的事情。其实，只要你稍微留意一下，就可以避免这个问题。把语言变得通俗易懂是有很多好处的，首先沟通上不再有障碍，其次还能有效地节省时间和精神。中国的语言博大精深，表达方式也大不相同。

要用最通俗的语言来表达你的观点和内容，而不是自己认为别人都能理解你的话，表达要清晰、简洁，不要让语言成为你与别人沟通的障碍。

我曾和学员分享过这样一个小故事。

有一个医学院的学生在课堂上讲课，他是这样开始的：“横膈膜如果用来呼吸的话，它可以帮助我们的肠子蠕动，这对我们的健康是非常有益的。”这时候老师打断了他的话，问道：“有人听懂他说的话了吗？”结果所有的学生都异口同声地说：“没有。”老师就说：“你把刚才说的话重新解释一下，再继续说。”于是那个学生解释道：“横膈膜是位于胸腔下部和腹腔顶部之间的一种很薄的肌肉，它是可以伴随着呼吸而变化的。用胸腔呼吸的时候，横膈膜就会被压缩；用腹腔呼吸的时候，向下的推力会使横膈膜成为一个平面，这时候肠胃就会受到横膈膜的挤压，这种挤压能够帮助按摩和刺激胃、肝脏等器官。当演说家向外呼出气体的时候，也会有同样的推力向上挤压横膈膜，这样就相当于给胃部等器官做第二次按摩，这对身体非常有益的。它能够促进肠胃的蠕动，帮助人体排泄。”听过这位同学的详细解释之后，大家都明白了。其实，在生活中，很多人演说都会出现这样的问题，就是在说自己领域内的东西的时候，忽略了他人的认知，以为别人都会知道这个事情，就用专有名词一带而过了，殊不知，外行人听得一头雾水。

其实有许多人在演说的时候都忽略了这样一点，不是因为他们的专业知识欠缺，恰恰是他们忽视了通俗这一点，对自己熟知的领域大谈特谈，完全忽略了台下的人，因为很少有听众会熟知别人的行业的，那些与他们专业领域无关的事情，他们也是缺乏了解的。所以，无论你的演说多么慷慨激昂，内容多么丰富，这样的演说都是失败的。你在演说中大量地使用专业词汇，会导致外行人根本听不懂是什么意思，听得一头雾水。

其实，这种情况不仅仅会出现在演说中，只要是从事不同工种的人谈话都会存在上述问题，人们在说话时往往会过滤掉这一点，而这种忽略使谈话失去了意义，因为别人根本不知道你在讲些什么，自然也不会感兴趣。所以，如果你想要让大家对你的话感兴趣，想让自己说的话能够被大家理解，就必须使用通俗易懂的语句，抛开你的专业领域，不要再讲那些别人听不懂的专业词汇，让你的话简单明了，这样你才能达到说话的最高境界。那么怎样才能把话说得通俗易懂呢？

1．举出恰当的例子

一位冰箱除霜器的销售人员在推销产品的时候，他所面对的大部分潜在购买者是家庭主妇。那么在告诉她们冰箱为什么要除霜的时候，销售人员可能会说："冰箱的冷冻原理就是蒸发器从冰箱的内部来吸收热量，然后把热量散发到冰箱的外面，这样被吸出来的那些热量伴随着湿气附着在蒸发器上，就会形成一层很厚的霜，最终会导致蒸发器绝热，使得马达加速工作。"如果这样解释，相当于什么都没说，因为消费者对这些原理是难以理解的。你可以换一种方式，举个例子试试，不妨这样说："蒸发器的作用，就像抽油烟机一样，能够把冰箱里的热量都吸出去，使得冰箱内部的温度降低，从而达到冰冻和保鲜的效果。我们的冰箱用久了，都会形成很厚的霜，这些霜都是结在蒸发器上面的，随着时间的推移，霜会越来越厚，最终导致蒸发器与冰箱内部的空气隔离，蒸发器就没有办法再吸走冰箱内部的热量了。这个时候，冰箱的电动机只有加速运转才能保证冰箱能够冷冻东西。这样的话，我们的冰箱寿命就会减短，所以，为了延长家里冰箱的使用寿命，可以在家里的冰箱内安装一个自动除霜器，这样就会方便很多。"

2．说话精练简短

老舍说过："简练就是话虽然说得少，但是意思包含得多。"也就是长话短说。现在很多人都具备"长话短说"这项技能，比如美国总统奥巴马在竞选的时候是这样开场的："如果有人怀疑美国是个一切皆有可能的地方，怀疑美国奠基者的梦想在我们这个时代依然燃烧，怀疑我们民主的力量，那么今晚这些疑问都有了答案。学校和教堂门外的长龙便是答案。排队的人数之多，在美国历史上是前所未有的。为了投票，他们排队的时间长达三四个小时。许多人一生中第一次投票，因为他们认为这一次人选结果必须不同于以往，而他们手中的一票可能决定胜负。”

在这短短的几句话中，包含了太多的意义。美国是一个一切皆有可能的地方，也就意味着人人竞选平等，黑人同样可以领导美国，奥巴马带着拯救世界的梦想，和每一个美国人民一样；每个人都有投票的权利，都有决定谁是总统的权利，这一票是多么重要，也许就可以改变一个民族的命运。最终，奥巴马成功当选美国总统，可见，对于一个成功的演说者来说，长话短说是多么重要！

现在很多语言大师都认为，话不在多，说出重点才厉害。能够用最少的语言，表达更多的内容和意思，是说话的最高境界。出口成章、侃侃而谈是本事，善于总结、一语中的，更是一种水平。要知道，美国历届总统的公开演说都是言简意赅，很多都被作为学习的范例，现在的演说培训课程中就流传着他们的就职演说词。

3. 不要夸夸其谈，中肯实在最关键

其实，当众演说不一定非要讲究时间的长短，或是语句的长短，最关键的是要中肯实在，演说的简洁不仅仅是长短的问题，如果能做到让听众感同身受，句句都说到听众的心坎去，那就是高手中的高手了。要知道，那些夸夸其谈的空话听起来实在没办法让人信服，大家喜欢的是说中肯的话，做实在的事，对于那些官腔、套话，大家都是不屑一顾的，甚至是嗤之以鼻的，这简直是在浪费大家的时间。

第四节　有条有理：让听众听得明白

思路清晰，列出演说提纲

2003 年“非典”结束后，一位大学女生为感谢全国奋战在一线的人要做一次演说，她事先自己写了演说稿，但是觉得念稿子又显得不专业，所以把稿子放在口袋里，开始背稿子，可是中间多次忘词，只能拿出稿子开始念，这反而使她更加紧张，连读稿子都开始结结巴巴。台下的人都为她捏了一把汗，每当她念错或是结巴的时候，底下的人都神情紧张，想必站在台上的女学生都不知道自己在说些什么吧。那位女生也完全被紧张的情绪包围，挣脱不出来了。

对于上台演说的人来说，理清思路，列出演说提纲是缓解紧张情绪的一剂良药。就像士兵上战场一样，如果事先没有仔细检查过装备武器，心里是不会踏实的。卡耐基说过：“演说者只有做了充分的准备，才有自信的资格。”

大多数人都认为，所谓的充分准备就是事先搜集好材料，然后写稿，要么照本宣读，不适合读的场合就背诵下来。但是，背稿是不可靠的，尤其是面对众多听众的时候，演说家的紧张情绪只会增加不会减少，既要照顾台下观众的情绪，又要想着稿件的词，这样只会加剧演说家的心理负担。

美国有这样一位演说家，在面对与他意见相左的人的时候，他还是能够抓住他们的眼球，吸引他们的注意力，让对方为自己鼓掌、喝彩。他曾说：“如果你要做一场重要的演说，你一定要放下其他的事情，专心致志地与你的演说内容独处，把要讲的内容反复斟酌，把它当作你生活的一部分，这样做的话，无论你是在喝茶，还是在逛街，或是在看报、读书，那些与演说有关的资料自己就会跳到你的眼前，身边的一切事物都是你取材的源泉，这些贴近生活的事例让你更加自如。”要知道素材往往来源于身边的小事，细微的小事往往会擦出硕大的思想火花。

丹尼尔·韦门斯特说：“一切未经准备而站在听众面前的演说者，都无异于裸体示众。”要想在说话时保持放松的心态，还是“先把衣服穿好吧”！

其实，那些拿出稿子来念，或者在演说时背诵的人，都不能算是真正意义上的演说家。

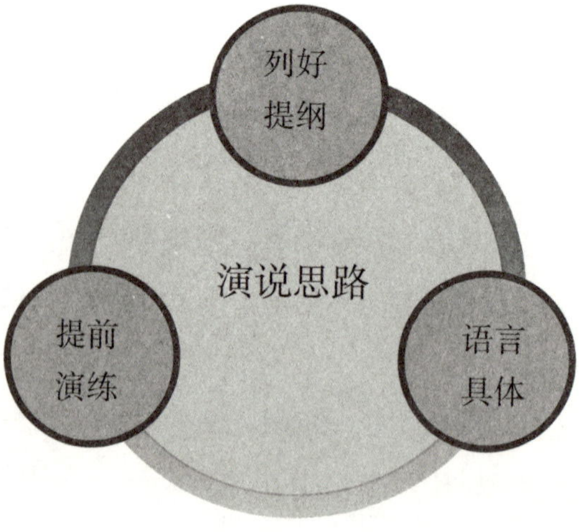

1. 列好提纲

老师讲课是根据提纲来讲的，首先是什么，其次是什么，最后是什么，有条有理，所以才能让学生更好地吸收。那么演说家在做演说的时候也可以先列提纲。在搜集好资料后，列出一个讲话提纲，首先确立主题思想，要讲的是什么，其次是选取的材料，最后采用什么样的结构，这些都列在提纲里，提纲就是你演说稿浓缩出的精华。在演说之前，看看提纲，大致捋顺要讲内容的顺序，这要比你念稿、背稿好多了。

如果事先做了深入的思考，思路一旦形成，就会有写下讲稿的想法。但是，你最好不要这样做，因为写出来的文字和说出来的是完全不一样的。当你写文章的时候，你总是用文字来考虑，这样就限制了你口语化的表达。如果把讲稿完整地写下来也会限定你说话的思路，这样就不会再有更多的思考和想法了。写文章需要词汇优美，语言的格式对你上台讲话也是有很大的局限性的，会给你的讲话带来不必要的麻烦。

某大学的学生，有一次，她在全校师生面前做公开演说，主题是有关亲情的。她一开始说话，台下就有人窃窃私语地说："她肯定是事先写了稿子然后背下来的，用的词语全都是书面语言，什么不辞辛劳啊，唉声叹气啊，还有'我临走的时候，妈妈站在门前一直张望，直到我的影子消失在夜色中'。"

这些词语用得很好，如果是作为一篇文章来讲，读者也不会发出疑问，但是，如果作为一篇演说文章来说，就太奇怪了，这些过多的修饰讲出来就会给人感觉太过夸张，听起来非常滑稽。整场下来，台下也会时不时地爆发出阵阵笑声。本来这个亲情的主题是非常温情的，她的故事也是很感人的，但是就因为她事先写了讲稿，把话语表达转换成了书面语言，效果就大打折扣了。

现在写文章用的是白话文，而说话运用的却是口头语言，不难发现，这两者还是有很大区别的。如果把文章中的语言搬出来，直接用在讲话中，听起来就会很滑稽，而我们讲话要做到的就是通俗易懂，讲者说得明白，听者也会听得明白。

著名的演说家马克·吐温说过："用笔写出来的东西不能用于演说。用笔写出来的文章是文学性的，听起来生硬，没有弹性，更不能在你的口中做流畅、舒服的表达。演说的目的不是为了说教，一定要让讲话的语言变得通俗，朗朗上口，让它变成自然的表达，而不是生硬的套语，更不是文章中那些优美的修辞。否则，你的演说就会让人烦躁、焦虑，而不是让听众产生共鸣，也无法让大家感兴趣。所以，演说是不能靠笔写出来的。笔写的东西不能为讲演之用，它们的形式是文学的，它们生硬、无弹性，不能让你借着唇舌做活泼、流畅的表达。语言的目的是要助兴，而不是说教，你得让它们变得柔软、松散、朗朗上口，并将其形成一种没有预谋的自然谈话方式。否则，讲话本身便会烦死一屋子人，而不是让他们感兴趣。"因此不能写演说稿。

有位著名的演说家说过："要深入思考你的主题，慢慢理清思路，才会日渐成熟，然后把这些思路变成文字，用简单的文字把想法捆绑住，一条一条地列出来，这样逐条分析，逐条整理，会使你的思路更加清晰明朗，也更加容易掌握。慢慢地，这些松散凌乱的思路就会变得有条理、有秩序。最好的技巧就是列出一个提纲，按照你要讲的思路，写出各段落的标题。分出段落，拟出标题，然后在每个标题下面简略地记下一些关键词、要点语句，一些要讲的重点，以及你想要举的例子，等等。如果你要做一个很长的演说，你担心内容太多或者害怕漏掉某个要点，你就可以看一下这个提纲，这样就能避免说话次序的混乱，或者漏掉一些重要的内容。如果是非常简短的讲话，就可以直接在头脑中思考，提纲都可以省略了，大致在头脑中理清思路，自由发挥就可以了。”列提纲最符合人日常讲话的状态了，每个人都可以尝试这种技巧。

2. 提前演练几次

想必大家都会有这样一种经历，在正式演说之前总会做一些预演。一次，小李去电视台办事，在电梯里碰到一个人，他手里拿着一张纸，时不时地低头看，嘴里还念念有词。小李想他应该是即将要上节目的主持人吧。电梯里有七八个人，可是他在电梯里却旁若无人地说着开场，包括神情、动作、语调都反复地练习、纠正，他把身边所有人都当成了观众，这样的预讲是很有必要的，它能够降低人内心的抵触情绪，缓解心理的紧张感。

有专家认为，当你在办公室或者休息区看讲话提纲或者笔记的时候，不是预讲，而是练习。演说不能只坐在房间里背诵讲稿，一定要去预演，真正地去模拟演说的状态，这样才能达到预演的目的和效果。预演能够把你的注意力从讲话的内容转移到与听众的互动上去，这就是预演和练习的不同之处。就好像话剧演员，他们在正式登台演出之前都要反复在舞台上进行演练，在舞台上找准位置，调整状态，这才是预演。专业的话剧演员都要进行预演，何况是站在台上发言了。如果没有预讲这一环节的话，就像话剧演员没有穿上服装就上台一样，总觉得没有入戏。当然，预讲的时候，台下应该有观众，这样你才能找到上台的状态。别忘记，当你真正站在台上的时候，观众也是坐在台下的。

比尔·盖茨曾经在母校哈佛大学做过一次演说，在正式上台演说的前两周，他开始着手准备，每天在自己办公室的小讲台上反复进行演练，一次又一次地反复模拟演说上台的状态，一次又一次地细心揣摩讲话的内容，使他不仅把自己要讲的主题内容及相关材料烂熟于心，而且做到了对即将上台演说中的语气、动作手势，甚至语句的停顿、语速的快慢都了然于心。据《华尔街日报》报道，就在演说前一天，比尔·盖茨还“在去波士顿的私人飞机上进行预演，他给自己的妻子大声朗读，不断地在妻子面前演练，让妻子帮助他矫正措辞、神态、语气等”。

有好多人都认为预演可以对着镜子演说，这样能看到自己的动作、神态，但是，我并不赞同这样的做法。你想想，你对着镜子演说，也就是对着自己讲话，你讲话的时候就会注重自己外在的东西，而忽略了内在。其实，当你真正站在台上讲话的时候，你是对着大家讲话，而不是对着自己。有好多人都觉得对着镜子讲话也可以达到预演的效果，其实恰恰相反。要知道镜子里面的自己与演说时的自己，无论是所处的环境还是自身的状态都是完全不同的。如果对着镜子讲话，那么你始终都是在对着自己讲，你发出的声音的接受者是自己，可当众讲话的时候，讲话发出声音的接受者是别人，所以，对着镜子讲话达不到预演的效果。演说家当众讲话是要讲给别人听的，对着镜子练习却只能纠正自己的神态、动作、手势等问题，并不能起到好的预演效果。

你正站在台上讲话的时候，人的大部分精力都会集中在内容上，这些外在的形式只起到一个辅助的作用。所以建议大家，一定要对着别人演说，让任何可能的人成为你的临时听众，可以是同事、家人、朋友，甚至可以是在公园散步的老人、在长椅上嬉戏的孩童。你演说的方式可以是聊天，是否正规都无关紧要。当你说话的时候，注意观察别人的眼神、倾听者的反应，以及他关注你讲话的侧重点，从别人的反应中找到自己讲话的优缺点。也许你讲的重点内容别人没有在意，可是一些几句带过的内容却让他苦苦追问，那些容易被自己的主观意识忽略掉的，在这个时候都会被发现，这对以后的正式讲话有非常大的帮助。也许对方并没有意识到你在做预讲，这时候，你就成功地做了一次“没有预谋”的演说。要知道，亲切自然的谈话方式才是最佳状态。

3. 语言要具体

有两个人到四川去旅行，想吃点儿有特色的东西，在街上逛了一会儿，看到一家名为“四川风味面”的小店，两人正商量着要不要进去，其中一个人说：“旁边有一家‘酸辣面’，我们去吃这个吧！”结果两人放弃了“四川风味面”，原因就在于不知道“四川风味面”到底是什么，可是“酸辣面”就不同了，直接描述出味道，有种让人垂涎欲滴的感觉。同样，在演说的时候，你的语言也一定要清楚明了，不要含糊其词，没有人愿意花那么多时间去思考你的深意，所以表达直接很重要。如果我们是做书面表达，那就不同了，因为书面语言更注重句子的逻辑性和词句的修饰，但如果我们是在用口语表达，那么过多的修饰是多余的。

语言得体，言之有序

从前，有个人说话常常跑题，总是说不到点子上。在他结婚的喜宴上，司仪让他发表讲话，他是这样说的：“我衷心地感谢大家的到来，大家都是在百忙之中抽出时间赶来参加我们的婚礼，这是对我们的结合给予了极大的鼓舞和鞭策，也是对我们新婚的极大关怀。同时也请各位不要介意，由于我们俩是第一次结婚，缺乏经验，还希望各位在今后能够多帮助、扶持和指导我们。今天如果有招待不周全的地方也请大家多提宝贵意见，我们下次改进。”

新郎说的这些话听起来貌似彬彬有礼，实际上却非常滑稽可笑，既不得体又不符合身份场合，听起来让人忍不住发笑。其实是发言者根本没有明确自己的讲话目的就盲目地乱说、乱发言。

我们演说的目的概括起来不外乎以下五种：

演说的目的

目的	描述
传递信息	为了向他人传递信息或知识。例如课堂教学、学术讲座、新闻报道、产品介绍和说明、展览展会的解说等
引起注意和兴趣	演说一般是为了交际，为了更好地与他人沟通，或为了证明自身的存在感，引起别人的注意，把目光都吸引到自己身上来。例如见到他人主动打招呼，一些必要的应酬、寒暄，友好的提问，诚心的拜访，导游介绍，主持人讲话等

（续表）

演说的目的	
目的	描述
增加信任和了解	为了争取别人的了解和信任。例如交谈、与友人叙旧、与亲朋拉家常、与恋人谈恋爱等，这样做往往是为了结交朋友或者加深感情，交流思想
鼓励他人	为了激励或鼓动他人。这样的语言是为了加强观念，坚定他人或者自己的信心，引起精神的兴奋，有时也要求得到行动上的相关反应。例如赞美他人、媒体广告的宣传、商务洽谈、请求、就职演说、激励鼓动性演说以及朋友聚会、毕业典礼、升学典礼和各种有纪念意义的活动、庆祝活动中的演说等等
说服他人	为了说服或劝告他人。此类演说一般包括诸如商务谈判、辩论比赛、批评、法庭上的辩护、就职竞选演说、提出改革性建议等，目的大多是为了让别人能够接受自己的观点，认同自己的思想，争取自身的价值最大化，改变他人的信念

只有目的明确了，演说才能够取得比较好的效果，只有演说的目的明确了，演说家才知道应该准备什么样的话题和搜集什么样的资料，采取怎样的态度、语言风格，进而运用哪些讲话技巧，真正做到有的放矢、随机应变、临场发挥。

如果目的不明确，不分场合随意讲话，就会发生东拉西扯、不知所云的情况。明确了目的，如何说才能确保语言得体、言之有序呢？

1. 内容要详略得当

篇幅要适当，要有长有短，这样才能突出演说的重点，让听众明白哪些是重要的信息，哪些是次要的内容。演说家当然是希望取得听众赞同的看法、认可的态度，与听众达成共同的认识，或是期望听众对自己所讲的内容心领神会，并在行动中表现出来。

如果演说家在开始就点明了重点，那么在演说的主体部分一定要进一步详细地阐述，反复地强调，否则你演说一结束之后，听众就会把重点忽略了，忘了你最终表达信息的主要目的。演说成功最理想的效果就是：你着重演说的部分，突出强调的要点也正是听众最认同、印象最深、感触最多的部分。演说的重点主要集中在由几个段落或者部分结合而成的层次，或集中在演说内容中的一个层次、一个部分的某几个小的段落上。集中演说内容的重点是一种好的表达技巧，当然你也可以采用将重点分别插放在全篇各个部分、各个层次之中的技巧，但是一定要注意：必须围绕演说主题展开，不要抛开主题滔滔不绝地讲，等你意识到的时候，已经拉不回来了。分散重点要做到“形散而神不散”。

在每次演说之前，不妨想一想“我为什么要这样表达”，或者“别人为什么要我说”。事先考虑一下可能产生的效果，并且把预期的效果当作之后的目标去为之努力，否则达不到最初的目的，糟糕的结果还会闹出笑话。

一个人演说要明确，是语言的简洁性和高效性的体现，体现了言事的简明性和效率性。演说家不仅要有系统、深刻的思路、思想体系，坚定、清晰、明确的观点，而且还必须懂得怎样运用简明扼要、准确精当的言语，恰到好处、恰如其分地表达自己的思想，做到语言精简、思路清晰、语句通顺、逻辑清晰。

语言表达的最基本要求就是明确。所谓的明确，就是语言明晰，意思表达确定。在大多数情况下，演说家说的话都应当是明确的，绝不能含糊其词、模棱两可。

2. 自律：自我控制

要想达到演说的最终目的，就要在演说的过程中形成自律的习惯，要进行自我控制，不断调节自身的状态。人与人交流是一个相当复杂的过程，人类的言语交际值得每一个人去钻研。如果表述的一方按照最初的说话轨迹表达语言信息，因为用词不妥，或者是对倾听一方缺乏了解，就很容易让倾听一方困惑、误解，甚至反感。这个时候就需要演说家进行自我控制，调节状态，把自己想表达的内容换一种说法，便于对方理解，让对方欣然接受。有时候，一段谈话的最初阶段是按照最初的表达目的进行的，但是在说话的过程中很有可能就改变了初衷，因为倾听者、交流的对象不同，以及周围环境的变化都有可能改变原定的话题，有时候由于交流起来很投机，临时兴趣所致，也会偏离了最初的主题，这时候同样需要演说家自律，调节自身的说话行为，及时地把话题拉回到原定范围内。

如何控制演说的条理性

方法	描述
清晰的条理顺序	日常生活中的演说，或者是一般的工作类演说，不需要在意演说结构，也不需要在说话时有很强的艺术性，只要做到最基本的一条——条理清晰就可以了。尤其是向大家说明某件事物的演说，就更加需要语言的条理性。 如何能让我们的演说做到条理清晰呢？ (1) 总体概括。就是对所讲的内容进行开篇点题并做简单的概述。 (2) 梳理框架结构。就是将要说的主要内容理出条理，用数字或者加重点的形式作为小结的标题进行分段。 (3) 善于收尾。最后重复标题，形成前后呼应的形式，并对通篇内容进行总结
善于提纲挈领	结构： 在对演说内容分条说明时，只要划分出一个整体层次就可以了，比如说一篇演说稿分为第一、第二、第三、第四等，这样分出一个层次就足够了，不要再插入小层次了，如果你在“第一”里面又分出几个小点 1、2、3, 这样的多层次结构一般用于书面表达，在口语表达中如果出现这种多层次的讲述，会使一些听众分不清主次，扰乱听众的思维，也不利于演

（续表）

如何控制演说的条理性

方法	描述
	说家对观点的陈述。对于演说而言，演说家所传递出的信息是一次性的输出，不可能重复内容。所以说，演说的时候要注意结构简单清晰、不复杂，让听众一听就能明白。 如果准备的演说篇幅比较少，相对来说时间短的话，尽量把内容浓缩成为三个段落。 说上三点就足以把内容表述清楚，如果演说篇幅少还要划分为六七个层次的话，演说家说起来啰唆，听众听起来枯燥。但是，并不是一定都要按照三段来分层，如果演说家的稿件内容分三个部分讲不清楚，那么就可以分为四个方面，我们应该根据自己准备的内容进行灵活划分，不要太死板
善于提纲挈领	标题： 标题是演说内容的分段的中心思想，是从内容中提炼出来的精华。一般在写文章的时候，大家都会注意到标题的重要性，但是到了演说的时候，大家就会忽略标题。比如说，第一，我们应该在了解知识的基础之上钻研它、掌握它，进而熟练运用……像这样直接说出了内容。其实，演说家在演说的时候，小节标题很重要，一定要在说内容之前先点明。标题是演说家所讲内容的概述，先把标题说出来，等于给听众一个明确的观点，然后演说家再围绕这个标题展开演说，这样才能给听众留下深刻的印象，逻辑也会更加清晰。 还要注意的是，小节标题要整齐，字数统一，风格统一。如果第一小节的标题是四个字，那么后面的也要是四个字。例如，第一，逻辑清晰；第二，结构简单；第三，语言具体。这样的表达更方便听众了解演说家传达的信息。标题的字数越少越好，少而精，方便听众记忆。
	思路： 东方人认知事物的习惯是从整体到局部，从全面到具体，注重从宏观的角度来了解具体的事物。举个例子，大家在写信的时候，地址都是从大到小，先是省，然后是市、区、县。所以，在说任何话之前都要进行概述，哪怕是自我介绍也要先整体再局部，比如，我叫肖芬，肖邦的肖，贝多芬的芬。先把全名说出来，再具体解释，不但能给听者留下深刻的印象，还会让人感受到你的逻辑表达很好。而西方人的表达方式却恰恰相反，可见，东西方在事物的认知和思维方式上有很大差别。

（续表）

如何控制演说的条理性	
方法	描述
善于提纲挈领	演说家在演说的过程中应该遵循中国人的思维方式，在讲具体内容之前先做一个总体的概述，说明自己所讲内容的主题以及分为几个部分，给听众一个整体上的认知。这时候再开始你的演说，听众就能快速地捕捉到你演说内容的重点。这样才能使你的演说收到良好的效果
	概述： 元代文人乔梦符在谈到写“乐府”的章法时提出了“凤头、猪肚、豹尾”这一说法，这是对文章好的开头、主体和结尾的比喻。这种结构要求文章的开头像凤头一样美丽，主体像猪的肚子那样充实，结尾像豹子的尾巴一样有力量。 俗话说“织衣织裤，重在开头，编筐编篓，重在收口”。在做前期的准备工作时，演说的开头和结尾要多花些心思，仔细研究一下，怎样才能吸引住听众，给听众留下深刻的印象。开头要一鸣惊人，抓住听众的内心，让听众快速进入到你所讲内容的情境中；结尾要像撞钟一样，干脆、响亮，做到让听众时时回想着你的内容，回味无穷。 一篇演说的呈现，是经过对材料充分的思考，把想法和分析判断融合在一起的结果。这时候思考的就是演说的结构，怎样安排才符合逻辑，才能更有层次。演说结构设计得巧妙，可以使演说的精华部分突出展现，达到事半功倍的效果

观点简洁，切莫铺陈

为什么《论语》在两千多年后的今天还是被世人广为传颂？其中一个重要原因就是《论语》作为儒家学派的经典之作之一，是以语录体为主，语录体的特点就是简练。《论语》是由孔子的弟子编纂而成，记录了孔子及其弟子的言行，成书大约在春秋战国时期，当时记录文章的方式是把文字刻录在竹简上。写得多，竹简就用得多，所以语言一定要精简，这也就是《论语》为什么要用语录体的原因，当然，也正因为它简短，才方便于人传诵。

举个例子，《论语》的核心是"仁"，"仁"字在《论语》中出现不下11次。有弟子问孔子，在人的一生中，有没有一个字能够终生受用。孔子的回答就是"仁"字。

"仁"字在词典中的基本字义解释是："一种道德范畴，指人与人之间相互友爱、互助。"那么怎样友爱互助呢？这也就涉及人际关系的问题，在《论语》中，孔子对"仁"的解释有很多，但是他所阐明的基本内容是很明确的，就是"爱别人"。先要学会爱别人，才能获得别人的信赖，才能与之建立良好的关系。我们要用一生去体会、去感悟的生活准则，孔子只用了一个字就概括出来了，这就是简洁。

我也曾和学员分享过这个故事：曾经有一个年轻人打算离开家乡，去追寻自己的梦想。第一次远离家乡，心里难免会恐慌。在他走之前，去拜访了本族族长。他去的时候，族长正在练字，这个年轻人向族长请教自己未来的前程，族长随手写了三个字“不要怕”，然后对他说：“人生的秘诀只有六个字，先告诉你三个字，供你受用半生。”年轻人听后，踏上离乡的旅途。

几十年后，那个年轻人小有成就，但是经历了岁月的洗礼，内心也平添了许多忧愁。思乡情切，年轻人再一次去拜访族长，可惜族长已经过世，家人拿出一封信给他，并对他说：“这是老族长生前留下的，他断定有一天你会再来。”年轻人郑重地接过信，拆开信封，里面写着三个字“不要悔”。

这个故事要告诉世人的是：人要勇于面对生活，把握现在，创造未来，这样才能对自己做过的事情无怨无悔。奥斯特洛夫斯基的著作《钢铁是怎样炼成的》也阐述了这个道理：“人最宝贵的是生命，生命对于每个人只有一次，人的一生应当这样度过：当他回首往事的时候不因虚度年华而悔恨，也不会因碌碌无为而羞耻。”这个让人受用一生的道理，族长仅用六个字就总结出来，这就是演说的简洁、精练。

对于演说来说，简明扼要，直接说重点是最基本也是最难的表达。大思想家老子也说过“大道至简”，这也充分说明道理不是长篇大论就好。

如何才能简洁地提炼观点、避免铺陈呢？

演说的目的在于向他人传达一种思想，语言只是思想的一种表现形式，有思想的表达才有意义。思想是指客观存在反映在意识中经过思维活动产生的结果。在一般的自然科学意义上，人类通过感觉存贮在大脑的东西被称作“记块”，记块被生物钟提示功能提取并且暂时存在思维中枢的结果叫“忆块”。思想的形成是碎片式的，要把其中的观点提炼成一句醒目的话，这样才是精简的表达，才能让听众感知和把握你的思想，简单来说，就是让人记住你说的话。

其要领细分起来，又可以分为：

1. 听众容易记住

这个道理很简单，只有演说家把思路理顺，逻辑结构清晰，表达清楚，才能更好地将信息传达给听众，与听众有眼神的交流，形成互动，听众才能更好地记忆。

2. 演说家容易记住

怎样才能让人记住你的观点呢？这就要求演说家具备把观点压缩成词的能力。演说家要表达的观点字数不能太多，把句子变成关键词，这样才会记得住、记得牢。如果讲话的语句太长，字数过多，听众记不住，那么讲了也是白讲，做的都是无用功。

当演说家记不住的时候，就会出现边想边说的情况。人在边想边说的情况下，眼睛会不自觉地向上看。这时候，演说家的眼睛就无法和听众交流，还会让听众觉得这是一种不礼貌的行为，也就导致无法吸引听众。另外，演说的时候，演说家在记不住的情况下就会思维混乱，越是着急就越想不起来，这时候说出来的话也是毫无逻辑可言，甚至词不达意，语句不完整，还会不自觉地说一些语气词，例如“嗯”“啊”等。

演说家为什么记不住内容？前文就已经提到过，演说家在准备讲稿之前要先列提纲，演说家记不住他所列出的提纲和要点，这是因为他的观点太长，内容繁多杂乱。例如，一位从事出版行业的总经理，他曾在一次业务讲座上发表讲话，讲述集团成功的经验，他是这样说的：“集团成功的经验是以读者的利益为根本利益，不断改进传播方式和手段，提高舆论引导的能力，注重培养读者的文学素养。”

他在说这段话的时候，只有刚开始的几个字是对着听众说的，之后就一直低头看讲稿。大家看他说的这段话，一个观点有50多个字，太长，所以他记不住，只能照着念。

自己都记不住，听众能够记住吗？

所以说，演说家的观点一定要字数少，简单、通俗，自己才容易记住。

3. 设计重点句（关键句）

1933年，当时受世界整体环境的影响，美国整个经济的情况大萧条，很多人失业，还有许多无家可归的人，经济的低迷使国民人心惶惶。而此时，富兰克林·罗斯福总统就职——这正是美国人的生活阴云密布的时刻，商品的价值坍缩了，而支付能力下降，国家的课税增加了，各级政府却都面临着收入的短缺，工业企业空前地枯萎低迷，而农场主的产品卖不出去，千家万户的储蓄化为乌有。

此时罗斯福的就职演说显得尤为重要。当所有困难都摆在眼前，不是一朝一夕可以解决的事情，那么该如何鼓励国民，使他们振作和相信？是忽视不好的现状，鼓励他们未来是美好的，还是直接告诉他们：这一切很难对付，我们必须积累信心？

罗斯福选择了坦率地面对现状，他说“只有愚蠢的乐天派才会否认美国阴暗的现状”，罗斯福并不把现状的困难轻描淡写地带过，而是在面对现实的同时给予希望：

“今天，对我们的国家来说，是一个神圣的日子。我肯定，同胞们都期待我在就任总统时，会像我国目前形势所要求的那样，坦率而果断地向他们讲话。现在正是坦白、勇敢地说出实话，说出全部实话的最好时刻。我们不必畏首畏尾，不老老实实面对我国今天的情况。这个伟大的国家会一如既往地坚持下去，它会复兴和繁荣起来。因此，让我首先表明我的坚定信念：我们唯一值得恐惧的是恐惧本身——一种莫名其妙、丧失理智、毫无根据的恐惧，它把人转退为进所需的种种努力化为泡影。凡在我国生活阴云密布的时刻，坦率而有活力的领导都得到过人民的理解和支持，从而为胜利准备了必不可少的条件。我相信，在目前危急时刻，大家会再次给予同样的支持。”

罗斯福找到了他的演说关键句，并把这句话贯穿始终：“我们唯一值得恐惧的是恐惧本身。”

第五节　有始有终：让演说妙趣横生

凤头设计：开场白打动人心

“先入为主”“万事开头难”“良好的开端是成功的一半”“千里之行，始于足下”……

任何事物的开始都非常重要。

就一场演说而言，恰到好处的开场白有几个作用，我们应当根据自己想要达到的效果来选择适合演说主题的开场白。

1. 一开始就吸引听众注意

听众对那些普通而平庸的论调，往往习以为常。而一段发前人未发之见解的开场白，往往能够起到“一言既出，举座皆惊”的效果，一开始就能吸引听众注意，使他们急切地想听到下文。

在某学校的毕业典礼之后，某位班主任发表自己的感言，这位老师的话一开始就让所有的同学都震撼了，他说：

“同学们，你们即将毕业步入社会，此时此刻，我只想祝福你们——但是我不能这么做。因为我想祝你们毕业后一帆风顺——可是，祝福你们一帆风顺，和祝福别人长命百岁、寿比南山一样，是一个看似美好却虚伪的谎言，我相信没有人想听到我这样空洞的祝福。人生路漫漫，谁能保证自己的人生一帆风顺，在这条路上你们一定会遇到崎岖和坎坷……”

老师的一番话把所有听众都吸引住了，一开始大家嬉笑的表情也开始变得严肃起来。最后老师总结呼应了演说的主题：

“一帆风顺的人生是不切实际的虚幻的愿望，而波涛汹涌、跌宕起伏的人生才是真实的人生，希望每一个人能够在人生的浪涛中努力奋斗，用顽强的精神迎接每一次风雨之后的彩虹！”

“一帆风顺”是最常见的祝福语，而班主任反其道而行之，从新的角度告诉了大家一个人生哲理，这也是班主任给学生上的最后并且最有意义的一堂人生课。

要吸引听众注意并不难，首先你要知道大家关心的是什么。

在“开场白”阶段，你就可以明明白白地告诉大家，他们会在你的整个演说中获得什么样的收获。

2. 在开场白阶段获取听众信任

在电视剧《亮剑》中，赵刚说服国民党俘虏的过程就是非常好的例子，赵刚的开场白成功拉近了彼此的距离，获取了听众信任：

“今天我不是来训话的，我是来和大家认识一下，顺便聊下天。我，叫赵刚，论年龄呢，恐怕比诸位大一些。就算是你们的兄长吧，各位都是我的弟兄。各位不要拘束，有什么就说，不懂的就问。”

紧接着他开始夸奖俘虏们的部队都是多么好的部队。他争取到了听众的信任，也让彼此的隔阂消失了。

有时听众会对演说者的动机产生疑问，或对演说的主题持相悖的观点。这时，不管你怎么讲，听众的态度是不信任甚至是抵触的，如果你想扭转局面，在一开始就要争取听众的信任——否则听众就会抱着逆反心理，从头在心里反驳，直到演说结束。

如果你清楚地知道听众的态度，最好不要回避。

如何让听众信任你

方法	描述
不避讳分歧	承认和听众观点分歧的存在，并从双方都认可的地方开始演说
拉近距离	用亲切的态度拉近和听众的距离
正确控场	如果演说还没开始，听众就开始起哄甚至攻击，不要放任这种情况，此时正确地控场是很重要的
强调利益	强调彼此的共同利益

3. 让听众了解演说的目的和背景

如果你参加一个经济论坛，而你演说的内容比较复杂时，你可以明确地陈述你演说的结构及范围并且这样开始：

女士们先生们，大家晚上好。

我很荣幸应邀来参加这个在我们国家非常权威、有意义的论坛。能在这里为大家演说是我的荣幸。在整个演说过程中：

第一，与大部分专家看法不同的是，我认为现状并没有人们想象中那么严峻，所以我会对我国最近的经济形势加以分析。

第二，我会分析最近 APEC 的经济增长对我国的经济增长的影响——这对许多国家来说或许不是利好消息，但是我相信我们有足够的信心和方法去面对。

第三，我会对中小企业如何应对这个大趋势做出分析和建议。

让听众了解你	
方法	描述
介绍目的	一开始使听众了解你演说的目的是很必要的，它可以使他们听演说的时候始终有的放矢，梳理听众的思绪
介绍背景	千万不要主观地认为这些背景听众都应该知道，演说家了解背景因为这是你的专业。如果听众对演说的背景不熟悉，我们就有必要在演说的开始为听众讲解背景知识
结构阐述	阐述的目的是让演说内容变得清晰、容易理解。当演说的主题知识性专业性很强、结构比较复杂时，在演说的一开始让听众了解到演说的结构和范围就很有必要了

4. 通过开场白让演说更有气场

一个好的开场白，决定了整个演说的气场，开场白是你给听众献上的“饭前小菜”，给成功的演说奠定了基调。

如果你一开始没有抓住听众的兴趣，接下来的时间你将非常尴尬，或许你用 36 倍的时间也无法弥补听众对你的信心。因此，演说的开场白，是你吸引听众的最佳时机，你要想方设法博得听众的好感。

虽然一场演说的时间有长有短，但我们吸引听众注意，建立相互信任的时间只有大约 1 分钟，抓住这 1 分钟的时间，留下悬念，或者引入自己所要说的话题，让听众有继续听下去的兴趣。

5. 开场白是为了让听众记住你

恰当的自我介绍能够让你的演说在一开始就形成一个自在的环境氛围。

每个演说的开始你都需要自我介绍，这属于自我介绍式开场白，如何准备好一个有特点的自我介绍呢?

将自己的名字拆开介绍是一个好主意。我的自我介绍走简单直接的风格:“大家好，我叫程俊杰，前程的程，俊朗的俊，杰出的杰。”有时，我也会开玩笑地说是“林俊杰的俊杰”。这种介绍简单易懂，适合名字简洁大气的人。

豹尾设计：精彩结尾抓住人心

演说的结尾就是龙的“眼睛”，如何画龙点睛，决定了整个演说的神韵。

结尾应当像豹尾一样干脆利落、短小有力。完美的结尾能够余音绕梁，让听众有意犹未尽之感。

美国作家约翰·沃尔夫说：“最好的演说要在听众兴趣盎然时戛然而止。”即是说演说要在整体达到高潮时截止，也是表明结尾要把演说推向高潮。最好的结尾或者出人意料，或者耐人寻味，都要能给听众带来享受和满足。结尾需要比演说的开头和正文更有深度、更有力度。

一场成功的演说是要由精彩的开场和精彩的结尾共同组成的，缺一不可。如果我们的演说结尾过于草率和马虎，那么我们之前在演说的过程中留给现场听众的好印象就会大打折扣甚至会所剩无几。如此一来，我们在演说台上几个小时的努力就会因为一个糟糕的结尾而被全部抹杀掉。由此可见，演说结尾的作用是不能忽视的，一个精彩的结尾可以为我们整个演说加分。

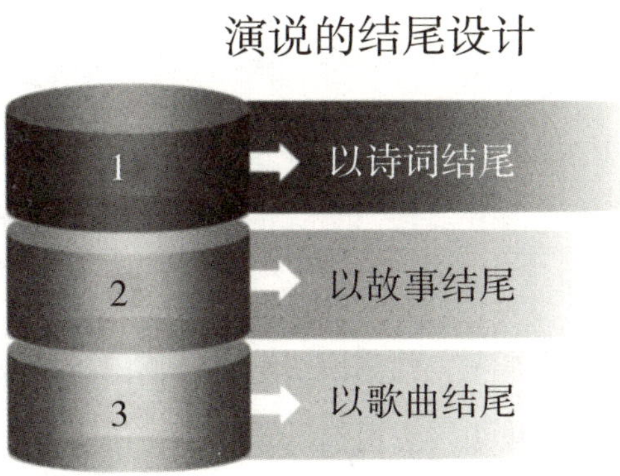

1. 用诗词结尾

用一首诗词来作为演说的结尾，不仅彰显了我们的文化气质，也会使现场的听众加深对我们的印象，甚至有可能以后每次他们看到这首诗词的时候都会想到我们和我们当天的演说。

诗歌式的结尾要选择一首与演说主题联系紧密的诗词。如果我们运用的诗词与演说主题相距甚远或者没有什么关系，那么就会让听众感到莫名其妙，不知道我们到底要达到什么效果，也会奇怪你为什么要如此结尾。

2. 用有震撼力的故事结尾

用一个故事来结尾，这种结尾更有感染力，也更加煽情。最佳的效果是能将现场的听众讲得哭起来。这种结尾也会让我们和听众之间建立起一种亲密而和谐的关系，并强化我们的演说效果。

故事式的结尾同故事式的开场一样，我们选择的故事要有非常强大的震撼力。我们在结尾部分所运用的故事应该起到升华主题、总结演说的作用。故事永远都是最有生命力和感染力的，而我们用来结尾的故事也最好是真实的案例，要能让听众从故事中体会到深刻的哲理和内涵，从而被我们的演说深深地感动。

我在为某家具公司的推销员进行演说的结尾处，背诵了《世界上最伟大的推销员》一书中的一段故事，收到了非常好的效果。这不仅巩固了我的演说成果，而且让现场听众对我表现出更大的热情，完全沉浸在我的演说内容中，久久不愿离开。

我之所以会选择用这本书，就是因为这本书的内容和我当天的演说内容很一致，而且这本书中的故事具有足够的震撼力，语言也非常精辟，可以使我的演说结尾达到画龙点睛的效果。

3. 用一首关于感恩的歌来结尾

我们选择的歌曲应该是柔和而积极向上的，也是耳熟能详的。这样的歌曲才能达到我们演说结尾想要的效果，也才会让听众全体参与进来。

用歌曲来表达我们对现场听众的感谢和感恩，这种结尾的方法很容易调动起听众的激动情绪，最好的效果就是让全场的听众和我们一起唱。在演说中用歌曲来结尾的时候，我会选择《感恩的心》这首歌。因为这不仅是一首关于感恩的歌，也是一首人人会唱的歌。一般来说，我会调动全场的听众和我一起将这首歌唱两遍，以此来作为演说的结尾。

无论我们的演说在其后的开场和其后的过程中是多么精彩绝伦，但结尾才应是全场最出彩的部分。演说的结尾是我们所有的努力和智慧定格的时间，我们要尽力将演说结尾塑造成整场演说中最华丽的乐章，从而让现场的所有听众无论在哪一天回忆起当天的演说都会感到无比激动和难以忘怀。

要想我们的演说结尾留给听众难以磨灭的印象，我们就必须让演说的结尾不仅强大有力，而且扣人心弦，让当天来听我们演说的所有人想忘都忘不了。这样才是我们演说结尾的最佳效果，更是我们每一场演说都成功的法则！

第六节　有情有义：让演说引起共鸣

将情感注入

在许多情况下，演说建立起来的自信是要通过听众的认同的，我们要在演说的过程中与听众获得共鸣，用我们饱满的激情去带动听众的积极性，让听众能够更好地理解我们的演说内容，并且真实地感受到我们内心真实的情感。

唯有将情感注入，听众才会被感动。

毛泽东同志是新中国的奠基者和缔造者，他带领着中国人民穿过茫茫的黑夜，迎来光明的新天地。毛泽东同志是著名的革命家、战略家、理论家、诗人，更是一位伟大而卓越的超级演说大师。他将演说变成了领导中国革命的有力武器。他依靠演说来发动群众、激励士兵、统一思想，带领人民群众依靠武装斗争打败了敌人，建立了新中国。

1949 年 9 月 21 日，毛泽东同志在中国人民政治协商会议开幕式上发表了《中国人民站起来了》的演说，以下是这次演说的节选部分：

诸位代表先生们，全国人民所渴望的政治协商会议现在开幕了。

这种全国人民大团结之所以能够成功，是因为我们战胜了美国帝国主义所援助的国民党反动政府。在三年多的时间内，英勇的世界上少有的中国人民解放军，战胜了美国援助的国民党反动政府所有的数百万军队的进攻，并使自己转入反攻和进攻。现在，数百万人民解放军的野战军已经打到接近台湾、广东、广西、贵州、四川和新疆的地区去了，中国人民的大多数已经获得了解放。在三年多的时间内，全国人民团结起来，援助人民解放军，反对了自己的敌人，取得了基本的胜利。在这个基础上，召开了今天的人民政治协商会议。

我们的人民民主专政的国家制度是保障人民革命的胜利成果和反对内外敌人的复辟阴谋的有力的武器，我们必须牢牢地掌握这个武器。在国际上，我们必须和一切爱好和平自由的国家和人民团结在一起，首先是和苏联及各新民主国家团结在一起，使我们的保障人民革命胜利成果和反对内外敌人复辟阴谋的斗争不致处于孤立地位。只要我们坚持人民民主专政和团结国际友人，我们就会是永远胜利的。

在人民解放战争和人民革命中牺牲的人民英雄们永垂不朽！

庆贺人民解放战争和人民革命的胜利！

庆贺中华人民共和国的成立！

庆贺中国人民政治协商会议的成功！

从这些节选的片段中我们可以看出，毛泽东同志的这篇演说充满了对新中国的情谊，我们能够感受到他对中国和中国人民博大而深沉的爱。这篇演说有着简单明了的结构、充满力量和感情的语言、丰富广博的内容以及浓烈而不失温婉的情感。通过毛泽东同志的这篇演说，我们不仅能够体会到伟人心中广大深厚的情感，更让我们看到了毛泽东同志作为新中国第一代领导人的志向和抱负，并且深深地相信他能够带领着我们将美丽的中国建设得更加繁荣、昌盛。

情感运用，一共有 3 个重点：

- 重点夸张；
- 情理结合；
- 韵律停顿。

1. 重点夸张

在获得民主党内的初选胜利后，奥巴马发表了演说：

美利坚民族是一个高尚、慷慨、富有同情心的民族，一个在挑战和希望面前团结一致的民族！

正因为这样，我们这个国家才会逐渐变得强大；正因为这样，二百年前的爱国者才会在费城独立厅宣布“一个更好的联邦”的诞生；正因为这样，在葛底斯堡和安提坦的战场上，人们才会拼尽最后一份力气来保卫这个联邦；正因为这样，二战期间“最伟大的一代”美国人才会战胜恐惧，将欧洲大陆从独裁中解放出来，把美国变成了机遇与繁荣的乐园；正因为这样，一代又一代的美国人，才会努力应对各种巨大的挑战和各种不可思议的恶劣条件，努力为他们的孩子建造一个更美好的世界。

现在到了我们这样去做的时刻。美利坚，这是我们的时刻，这是我们的时代！是时候翻过旧的一页了，是时候使用新能源和新观念以应对挑战了，是时候为我们的祖国开辟新的方向了！

为了让民众在这个特殊的时期团结起来，共同应对挑战，奥巴马在演说中用五个“正因为这样”和三个“是时候”作为排比句，气势恢宏，豪情万丈，使得自己对美利坚的情感如瀑布般飞流直下、水银泻地。

通过他抑扬顿挫的声调，丰富的身体姿势，这段演说既充满了热情又情绪激昂，将在场的听众彻底征服，让民众对他所提出的“为祖国开辟新方向”的观点充满信心。演说结束后《泰晤士报》曾专门就这段演说进行评论：“奥巴马演说充满激情，不由得让人想起了马丁·路德·金。”

可见，运用情感的第一个要素就是重点内容要突出，感动听众的演说离不开演说家发自内心的激情。

2. 情理结合

18 世纪中期，英国的北美殖民地想要自由独立的呼声越来越高。但当时美国领导者却希望可以同英国协商妥协。这使得英国殖民者更加嚣张，甚至调集大批军队到北美，威胁使用武力来镇压北美人民的独立运动。在这个紧张时刻，政治家帕特里克·亨利在 1775 年弗吉尼亚州议会上坚决不同意协商妥协，并且号召通过武力来对抗英国殖民者。

亨利对于辩论有很丰富的经验，他知道自己的提议不仅会受到主张和平协商的领导阶层的反对，在人民当中也有人受到领导阶层所谓的协商和平论调的蛊惑，也会反对自己的提议，所以想要取得胜利，就必须将听众争取过来，让他们能够认同自己的意见。

在听过几位妥协和平论的发言者意见之后，亨利并没有针对他们的投降主义进行反驳，而是称赞他们。他非常平静地说：

“我们的国家正处在关键时刻，每个人都有自己不同的看法，我所要说的并不是对其他持反对意见的人不敬，而是我们都有权利在辩论中发表自己的意见，只有这样，我们才能够寻找到真理，引领我们国家走上正确的道路。”

这种方法实际上是先从情感上打动对方，缓解那些投降主义者同自己的对抗情绪。当然，亨利也明白单独使用情感手段无法取得民众们的支持，还需要理论的配合，用事实论据告诉民众英国殖民者的险恶目的，通过这种方式反驳投降派的主张。下面是亨利将情感同逻辑理论相互配合使用的一次著名辩论发言：

“我有一盏明灯为我指明前进的道路，这盏明灯就是经验之灯。我不知道还有什么办法能比用以往的经验来判断未来更好。既然我们要使用过去的经验作为对未来判断的重要依据，那么我们可以回想过去十年当中英国政府为我们做了什么，英国政府的哪些行为能够让我们对和平充满希望？难道是最近我们去请愿时他们所露出的狡诈的微笑吗？先生们，醒醒吧，他们的微笑只是在前方等待着我们的陷阱。不要让他们的微笑将你们欺骗了！

“各位可以自己思考下，面对我们请愿时所露出的微笑同大规模军队的调遣是否相称？难道军队和战舰调遣过来是为了表达对我们的爱护以及为了和平所必需的手段吗？我向主张妥协和平的诸位请教下，这些大规模的部署说明了什么？如果他们并不是想用武力让我们屈服，那么谁能告诉我他们的动机在哪儿？这块大陆上还有哪些敌人值得大不列颠进行规模如此庞大的军事调遣？不，各位，这块大陆上没有其他值得这么做的对手了！这些都是为了我们所准备的！

“有人认为我们现有的力量太过薄弱，无法同如此强大的敌人相抗争。但是，我们要到什么时候才能够强大起来呢？下周我们就能强大？明年我们就能强大？还是我们放下武器，大街小巷都有英国士兵站岗的时候？难道我们一直无所忧虑，天天抱着不切实际的和平幻想不放，直到敌人将我们的所有力量都削去的时候，才能够取得有效的抵抗手段吗？”

在言辞犀利、态度严肃的说理之后，亨利又将自己的情感加入演说，以此获得听众们的支持。随着他演说得越来越激动，最后亨利发出振奋人心的高喊，使听众们的情绪达到顶点：

“也许持和平理论的先生们要开始高喊和平的重要性了。但是，如今的我们已经没有和平可言了。战争现在已经开始，北部地区已经传过枪炮的声音，我们的同胞已经正在战斗！我们怎么能还坐在这里看着他们流血战斗？我们还在等待什么？难道我们生命如此珍贵，和平如此诱惑我们，以至于我们需要用手戴镣铐成为奴隶为代价来换取？上帝啊！制止这种可笑的妥协吧！我不知道其他人会如何去做，但是对于我，没有自由，我宁愿失去生命。”

亨利在演说当中将情和理完美地结合在了一起，他通过事实论据表明了自己的观点，但因为有情感的加入，他的辩论不但没有让持和他相反意见的人愤怒，反而赢得了广大民众们的信任。在场的民众高呼起了“拿起武器，我们需要自由”。主张妥协和平的人在亨利演说完之后也改变了自己的主张。亨利通过情理相结合的发言，最终取得了辩论的胜利。

演说时只用情感来拉拢听众而没有任何理性的参与，这也很难取得听众的支持。演说是为了对真理进行探索，所以理是决定演说成败的关键因素，情感是辅助因素。二者缺一不可，所以在辩论当中应该讲两者结合起来，才能取得最好的效果。

如果单独使用枯燥抽象的理，没有同情感相结合，听众很难会与你产生共鸣，信服你的观点，听众们会感觉这如同是在学校上课一般。想要在演说中获得胜利，我们就需要将情和理两者紧密地结合在一起，综合使用。

情理结合，是情感运用最重要的关键。只有感情和理论结合，才能真正地打动听众的心。

3. 韵律停顿

在林肯与道格拉斯法官共同竞争入选美国参议员时，所有的数据、倾向都表明了林肯终将失败。

在林肯的最后一次辩说中，他先是对现状侃侃而谈，忽然，他停顿下来，陷入了寂静，他默默地站着，望着眼前的听众。

听众注视着他的一举一动：他的眼睛深深地凹陷了下去，使他看起来忧郁而凝注，之后他把双手紧紧地握在一起。这无助的举动都看在听众的眼里。

这沉默持续了大约一分钟，但是听众的注意力却越来越集中。

林肯继续说道：

"朋友们，无论是道格拉斯法官，还是我本人被选入美国参议院，这都无关紧要，完全一点儿关系也没有。但是，今天我向你们阐述的这个重大的问题，它才是最重要的，远远超过任何个人利益和政治前途。朋友们——"

他再次停顿，听众们甚至屏住呼吸，唯恐漏掉他说的任何一个字。

"这个问题，即使是道格拉斯法官，以及我这可怜、虚弱、无用的舌头都已经安息在坟墓之中，它仍继续存在、呼吸和燃烧。"

这演说词并不复杂，但是林肯通过伟大的演说技巧使它具备了震撼人心的效果。这是林肯政治生涯的关键一役，而停顿帮助了他。

如果你想要听众产生情绪，那么你就要保持一种能产生情绪的韵律，在适当的时候停下来。这是因为在演说中表达情感，善于停顿尤为重要，任何人的感情、感觉的变化发展都是需要酝酿、需要时间的。

互动拉近心的距离

互动能够活跃现场气氛，并且拉近你和听众的关系，增强听众对你的好感，吸引听众对演说的注意力。

1. 互动即表达能力

想成为一名优秀的演说家，就要有让听众参与到演说中的能力。参与就是互动，互动就是表达能力。一场精彩并成功的演说不是我们只管说，听众只管听，而是要根据听众的需求让他们全体都参与到我们的演说中。任何一位超级演说大师绝对不会放过与现场听众互动的机会，因为只有有效的互动才能将演说家的思想和理念诠释得更加全面和完整。

互动就是表达能力，因为演说家能够调动起听众的积极性，从而参与互动。这才是演说家有着强烈表达能力的证明。只有我们在演说中将情感和思想都表达得十分到位，获得了听众的接受和信任，听众才会积极与我们互动。因此，没有表达力就无法与听众互动。相反，顺畅地沟通和互动就表明我们的表达听众接受并且喜欢。

我在演说的现场一旦发现听众的需求，就会将听众的这些需求加入到我的演说内容中。我要现场的听众全体都参与到我的演说中，不仅是要听众被动地听我说，还要他们主动地跟我说。

我发现我的演说越成功，我与听众的互动就会越顺畅，听众的积极性也就会越高。他们会将自己的烦恼和问题一股脑地对我说，在我演说和回答问题的时候，他们也会心平气和地安静听我说，并主动思考和领悟。

我对互动的最大心得就是我的思维和听众的思考要处于同一个维度上，用我的表达力去带动听众的思考，听众也会用他们的思考来参与我的演说。这样一来，整个演说现场就变成了我与听众思想交流场所，而这种交流在任何情况下都是让人感到愉快和兴奋的。

为了能够让听众更好地学习和吸收我们的观点，就必须让听众感觉到演说不仅是演说家个人的事情，表达的思想和观点也与他们有关。要让听众认为我们的演说内容与他们的生活、事业、工作息息相关、不可分割，这样做，听众才会积极主动地参与和思考，才会知道我们的观点与他们有关。这些观点都不是独立存在的，也是经得起逻辑推敲的。

听众之所以愿意与我们进行互动，主要的原因就是他们看到了我们对演说的诚意和对听众的尊重；也是在彼此的互动中，听众感觉到我们关心他们，以他们的需求为第一位。如此一来，我相信任何一个听众都非常愿意说出自己的问题，与演说家进行互动，并充分地参与到演说中来。

互动就是表达能力，这个观点的根本意义就在于让我们珍惜每一次与听众互动的机会，而互动也是表达能力的另一种表现方式，更是表达能力的支持和直接展现。我们要将现场的每一位听众都与我们的演说内容联系起来，告诉他们我们的观点和思想会直接影响到他们的事业成败，而且会让他们获得自身的利益和财富。这样做就会让互动将演说和现实紧密地结合在一起，让听众迫不及待地要与我们沟通、互动。

对于演说家来说，最好的演说效果就是能够改变听众的思维方式，给他们的工作和生活带来实际的改变和改善，并更新听众的知识和观念，让他们都成为生活中的强者和成功者。这样的演说效果必须通过互动来完成，只有互动才可以让我们更清楚地了解听众的需求，也让听众更完整地接受我们的思想。演说家和听众互动才能将一场演说进行得更加完美。因此，我们在表达的同时也要善于倾听，而且我们要让听众在倾听的同时也学会思考和表达。在整个演说中，互动就是表达能力要贯穿始终，并成为一种主题。

2. 互动即参与感

我们在演说中要设计一些听众能够参与进来的互动环节，让现场的听众有很强的参与感，这样我们才会得到相应的回应。比如我们可以在演说开始不久讲一个幽默故事，让听众在会心一笑的同时产生一定的参与感。切记不要一个人从头讲到尾，把听众的参与当作可有可无的部分，如果听众无法产生参与感，那么我们之后的演说也不会得到热烈的回应。

在听众产生很好的参与感之后，我们要与听众顺畅地互动起来，我们可以用提出问题，并且回答听众的问题来达到这个目的。在演说的过程中，听众的回应是非常重要的，因为演说毕竟不是我们一个人的独角戏，而是一场由我们与听众共同完成的演说。如果我们不能让听众产生很好的参与感，那么就算我们的演说内容丰富、技巧运用熟练，也不是一场成功的演说。相反，如果听众有了参与感，那么就会对我们的演说以及我们提出的问题做出主动积极的思考，并且提出自己的观点和想法。这一场演说就会成为思维方式和不同观点的碰撞。

让思维与观点发生碰撞

互动	描述
演说现场	我首先会让现场听众有很好的参与感，我会提出一些简单的问题让现场的听众不用语言作答，而是用举手来确认。这个简单的举手动作就能将现场听众带入我的演说中，并且让他们明白虽然我是演说的主体，但他们也不是只要听就可以的，他们和我都是演说的组成部分
演说进行中	我会选择一些时机问出一些问题，并指定现场某一个听众来回答，当他回答了我的问题之后，我会让他根据我们正在讨论的主题，也向我提出一个问题，然后由我来作答。如此循环往复，回答问题的听众会思考要问的问题，没有回答问题的听众也会主动积极地思考。这个时候，演说会场中的每一个人都会参与进来，而我也得到了听众最真实也是最真诚的回应
正确引导	实际上，听众是喜欢参与到我们的演说中的。只要我们能正确地引导他们，调动他们的情绪，他们就会给予我们真诚的回应。听众在接纳和信任我们之后，也需要我们的接纳和信任。所以，给听众参与演说的机会也是拉近距离和丢掉陌生感最好的方法
抓住参与心理	懂得了听众的参与心理，我们就不能再像傻瓜一样，费尽全力地撑起全场，却得不到丝毫的回应。这个时候，我们不能埋怨听众，只能说明我们没有给听众足够的参与感，也没有给听众足够的时间来与我们互动思想和问题。我们给予听众的观点、建议和理念都是科学的、符合事实的，但是要让听众记住并且认为对他们是有用的，我们就必须与听众交流、沟通、互动

我非常重视现场听众的参与感以及他们给予我的回应，因为这是能够让我在获得更多自信心的同时更好地了解听众的需求，从而将一场演说进行得完美无缺的有利条件。

因此，要在演说的内容中设计足够的空间，让听众产生参与感的同时也让他们愿意与我们交流、沟通、互动。如果一个演说家仅仅是将自己准备的演说稿讲完，而没有得到任何一个听众回应的话，那么这个演说家就算每天演说 10 场也不会有所进步，更不会成为超级演说大师。

我们都在为了演说事业而奋斗，但是我们必须明白演说不是我们一个人的事情，一个人也无法完成一场精彩而出色的演说。一个演说家的成长离不开听众的回应，从听众的身上我们会逐渐学会许多事情，而这些事情都奠定了我们演说事业最好、最坚实的基础。

如何进行互动

方法	描述
问问题	提升听众的兴趣
提背景	拉高你演说的层次
感谢人	拉近彼此的距离

破冰：将会场氛围快速从冰点提升到沸点

演说注重情绪，注重氛围。一个人口若悬河地说得再精彩也不算成功，因为那只是你一个人的表演，成功的表演是演说家与听众思想的交流，演说家在其中扮演的角色是引导者，通过引导将会场氛围快速从冰点提升到沸点。

在演说的过程中，激发人们的好奇心和求知欲，让听众处在兴奋的状态，这不是一件容易的事情。不走寻常路，标新立异是设置兴奋点的好办法。

1972 年，美国总统尼克松到中国访问，在一次公开演说中，他说：

“长城曾经是一道把中国和世界其他地区分隔开的墙，如今它已经不是了，但是，这个世界上依然有许多道城墙，它们把各个国家和人民分隔开。”

说到这里，在座的人都好奇尼克松葫芦里卖的什么药，尼克松接着说：“四天以来，我们已经开始拆除把我们分隔开的城墙。”直到尼克松说完这句话，在座的人才把悬着的心放下来。

尼克松用比喻的修辞手法来开场，把各国之间的障碍比作城墙，让在座的人都集中精神思考他的话，可谓是标新立异，抓住人的心理，在尊重民族文化的基础上，打破常规，令自己的讲话更加有情有义、深入人心。这是一次非常成功的演说。

演说家为了使演说更加吸引人，就应该在尊重民族风俗和传统文化的基础之上，对演说的内容进行符合应用的融合和再度创造，打破既定的思维模式，做到符合听众思维习惯的创新。

缺少听众参与互动的讲话，就像孤掌难鸣。聪明的演说家会想尽办法调动听众的情感、兴趣、经历与体验，让听众主动参与到这场讲话中，因为一场成功的演说并不是演说家能够独立完成的，而是演说家与听众共同合作的结果。

一个成功的演说家最擅长操控听众的情绪，懂得如何抓住听众的心理。如果能够做到让听众对你讲话的内容感兴趣，甚至是如痴如醉，那么你就已经成功了。你已经掌握了听众，让听众跟着自己的思路进入到你讲话的情境中去。

调动听众主动参与的积极性，让大家的思绪都集中在你的发言上，这比演说家一个人站在那儿唱独角戏要好得多。那么怎样才能利用好奇心调动听众的积极性，让听众参与进来呢？

1. 激发听众的积极性

演说注重气氛，气氛上来了，演说就成功一半了。所以说，演说家在讲话的时候，语言应具有强烈的鼓动性和号召力，争取做到动之以情，晓之以理，让听众的情绪达到一个高点，激发听众的积极性。

演说不但要做到语言通俗易懂，更要准确、规范，有鼓动性。最好是把口语表达和书面表达结合起来。口语表达的特点就是亲切、简洁，容易让听众接受和理解，但是说服力却不够；而书面表达的特点是精确、规范、优美大气，但是结构太过复杂，书卷气息太浓，不利于听众理解和接受。演说家要把二者结合起来，扬长避短，将书面表达精心提炼，加入到口语表达中去，使演说不但具备口语表达的活泼流畅、通俗易懂的特点，还能够汲取书面表达的精确规范，鲜明地传情达意。在演说的过程中，不时地鼓动听众的情绪是很重要的，能够帮助演说家打破沉闷的气氛，唤醒听众的求知欲与好奇心。

中国的文化博大精深，句式的变化更是独具魅力。汉语的句式多种多样，有主动句、被动句、疑问句、反问句、肯定句、否定句等等。不同的句式所表达的意义各不相同，这也就是中国文化的魅力之所在。演说家在明确自己讲话目的的同时要结合语境选择最佳的句式来阐明观点，不同句式的语气、语调都有其独特的表意功能。比如前面讲到的反问句，反问的目的不是要听众去回答，而是唤起听众的思辨欲，让听众思考演说家的观点，仔细琢磨研究，并且最终接受。但是，在使用反问句式的时候，要建立在有理可依、有据可循的基础上。在阐明事实、讲述真理的时候就要多使用肯定句，用句式结合语气、语调来使讲话更具说服力。应用不同的句式不但可以调节气氛还能够突出讲话的重点，使听众对你讲话的内容有清晰的认识，这样才能够有效地激发听众的参与热情。

2. 讲话要有张有弛

古巴的卡斯特罗是一位出色的演说家。他演说时，情感饱满真挚，声音随着情感和内容的变化时而高昂，时而低沉，听起来气势磅礴，让人不得不信服。听众的情绪也随着他的情绪变化而变化，严肃时鸦雀无声，激动时掌声雷动，将演说推向一次又一次的高潮。所以掌控好讲话的节奏，张弛有度才能影响并带动现场气氛，激发听众的兴趣和积极性，让听众随着演说家的思维一起参与到整个情境中来，完成一次成功的演说。值得注意的是，一场优秀的演说应该是互动的、人性化的，所以不要死板地生搬硬套句式，遵循既定的规律，否则就会失去自己的特色，让整场演说变成句式大比拼。

心理学研究表明，人在听他人讲话时，注意力无法长时间集中在讲话上，每间隔五到七分钟注意力就会分散。所以，为了长时间保持听众的积极性，演说家就要注意讲话的度，要像山脉一样，有高峰有低谷，张弛有度。每年的春节联欢晚会从8点开始，一直持续到12点，四个小时的节目，观众根本不能连续四个小时盯着电视屏幕，所以在节目的编排上就会有所设计，开场要活跃、喜庆，一般都是大团体舞蹈，烘托团圆的气氛，每三到四个节目之间都要有一个小高潮，持续刺激观众的视听感受，让观众愿意继续看下去。演说也是一样，无论是内容，还是情感、动作上，都应该有所变化，有高潮，有低谷，不能持续一个步调不变。语调有高有低，内容有详有略，情感起伏跌宕，才能不断刺激听众的参与热情，调动听众的积极性。演说家在运用不同语调表达观点的时候，要注意根据句意、句式、情感来恰当地选择语调的高低，不能乱用，无论运用什么样的语气、语调都要时刻保持自信，这样说出的话才有说服力。在演说的过程中，我们要着重表达的意思，或是重点强调的问题，都应该加强语气，并且配合反问的句式，提高声调，听众的思绪也会跟着上下起伏。如果演说家想给某件事情或是某个观点下结论，尽量用重音来突出你的意思，这样听众就会虚心地接受你的讲话，认为你的见解独到、有分量。这是一种暂时的“心理控制法”，演说家充满自信，听众就会心甘情愿跟着你的思绪走。

3. 懂得留白

演说家，在讲话时不要面面俱到地解释所有问题，要学会给听众的思想留白，让听众有思考的余地，在语言之外给听众思维联想的空间，不是一味地灌输。在表达情感时，主要引导听众，引而不发，听众自然而然会动脑思考，填补你留下的空白。我们在阐发道理时不要嚼得过烂，用事实说话，听众会有自己的想法，之后再说几句“点睛”之语，让听众心服口服。列举事例时，要采用由点及面的技巧来讲述，慢慢展开，让听众有意外的收获。

4. 与“气”相结合

演说中的情指的是触景生情：由景衍生情感，最终形成口语表达。详细来说，人们从景到声要经历四个阶段。这四个阶段是环环相扣，缺一不可的，即“景生情”“情生气”“气生声”。

景与情、气、声

关系	描述
“景生情”	是说景和情的关系，先有景，再生情。2008年汶川大地震时，救护人员看到现场的景象——“房屋倒塌，道路阻断，废墟中的呻吟伤患”，这时，内心同情悲伤的情感就会油然而生。情是因为看到景象而产生的，因为凄惨，所以唤起人们内心柔软的部分。再比如，大家看到中国健儿在奥运场上勇夺冠军，场上升起五星红旗、奏响国歌的时候，那种对祖国的一腔热血瞬间沸腾起来，这也是情，是中华儿女对祖国的热爱之情。所以说，景生情是由特定的场景衍生出来特定情感，不同的景产生不同的情
“情生气”	也就是说，情绪的发生会影响气息的状态。看到汶川大地震的悲惨场面时，观众的心情是沉痛的、伤感的，气息自然也就沉缓；看到运动员夺冠，国旗升起的时候，内心是激动的、自豪的，气息自然也就饱满；到医院看望病人的时候，一定是怀着一颗关怀的心，这时候气息自然是柔和平稳的；看到有人违法犯罪的时候，内心是愤慨的，充满怒火，这时候气息自然是剧烈的。这就是由情生气，不同的情产生不同的气息
“气生声”	是气息带动声音的变化。气息是声音的原动力，肺部气息与新鲜空气的转换带动声带振动发出声音，所以气息大声音就会洪亮，气息小声音就会低沉。气息决定音量的大小，声与气的关系是同步的，声细气一定细，气粗声也一定小不了

5. 配合情绪演说

演说家在每次演说前，都要进行自我调节，只有演说家的情绪对了，听众才会跟着你的情绪走，才会被你的讲话吸引住。所以，在临场前，要把自己的心态调节到最佳程度，让自己的情绪激动起来，以充分的自信心、坚定的信念、饱满的情感投入到演说中去。

演说家在演说的过程中，情绪越激动，态度越真挚诚恳，就越容易带动听众的情绪，使听众完全融入到你所营造的氛围中。比如，在表达喜悦时，让面部肌肉放轻松，嘴角微微上扬，眼光温和明亮；在表达愤怒时，面部肌肉紧绷，嘴角会不自觉地向下撇，眼神尖锐犀利；在表达悲伤时，眉角下垂，眼神哀愁；在表达惊讶时，嘴巴张开，眼睛睁大。总之，表情是情绪的外在体现，每一种情绪都有其特定的表情，每一种表情都要从内心发出。在演说的过程中，切忌平淡，宁可多用夸张的表情，让讲话显得有生机，而不是枯燥乏味，听众也就自然有积极性听你的讲话了。

6. 懂得在讲话中使用挥手姿势

在演说的过程中，挥手所起到的积极作用是不能忽视的。可以通过举起或挥动手臂来增强传情达意的效果。在战争题材的电影中，经常会有这样的情节：战场上，指挥员一挥手臂，战士们就开始冲锋陷阵。这时候挥手不仅仅是命令和指示，还是鼓舞士气的方式。在演说的过程中，我们也要学会运用挥手的方式。一般来说，挥手在演说中有以下几种作用。

挥手在演说中的作用

作用	描述
表示惜别	在演说结束后，演说家经常会跟听众挥手道别。这一手势的正确用法是： 身体挺立，不要来回走动和摇晃； 目视对方，眼神不要四处飘移，左顾右盼； 挥手时尽量用右手； 手臂尽量向前向上，不要在胸前晃来晃去
表示举手致意	演说家在讲话时，会碰到有相熟的人坐在听众席，这时候又不能停下讲话与他打招呼，演说家就可以举手并微笑着向对方致意。 举手致意的正确做法是： 面带微笑，与对方眼神相交，微微点头； 手臂轻缓地抬起，向侧上方伸出，停顿一下； 致意时手掌张开，掌心向外对着致意的人； 手侧抬起时不要来回晃动

挥手是一种辅助演说的有效肢体语言，但是在演说中使用的频率不要太高，要恰当使用，根据具体的讲话内容和情感释放的需要来使用。

“弦外之音”发人深思

美国最富有口才的牧师、演说家亨利·华德·毕切尔在1887年3月8日逝世。在接下来的一个星期日，莱曼·阿伯特收到邀请，向那些因毕切尔去世而伤心不已的牧师做一次演说。由于他求胜心切，不断地修改演说词。然后他将演说词读给妻子听，但是演说词写得并不好，真的很糟糕。假如他的妻子是个缺乏见识的人，她可能就会这样对莱曼·阿伯特说：“莱曼，这演说词简直糟透了，听起来就像一本百科全书，绝对不能用，你会让听众昏昏欲睡的。你传道这么多年，可以写得更好啊。天啊！你为什么不能够像平常说话那样去讲呢？你为什么这么刻板，不能自然点儿呢？你如果念这样的东西给他们听，一定会砸自己的台。”

如果他的妻子是这样说的，结果怎样可想而知。但是，他的妻子知道不能采取这样的方式，于是她换了一种说法：“亲爱的，如果你写的这篇演说词寄给《北美评论》，那一定是一篇极受欢迎的文章。”

莱曼·阿伯特听了之后，满心欢喜地接受了妻子的意见。他明白妻子的意思，阿伯特将他改了又改的讲稿彻底撕碎。后来他连大纲都不用，很自然地做了演说。阿伯特的妻子听了后，称赞他的演说很自然。他的妻子在面对一篇糟透了的讲稿时，并没有说出一些中伤他的话，而是很巧妙地用另一种方式暗示丈夫他的讲稿太枯燥、太具有说教意义了，不能用这篇演说词去演说。阿伯特立马就明白了妻子的意思，所以他照妻子的意思做了，最终获得了成功。

使用含蓄、婉转的“弦外之音”进行侧面、间接的说服，要比直接说出真相容易让对方接受，最能达到理想的效果。

但是“弦外之音”并不是似是而非、故作高深。所谓含蓄、婉转是以让对方听出“言下之意”“弦外之音”为最终目的的。如果演说家所使用的含蓄是闪烁其词、躲躲闪闪，那么就背离了含蓄表达的宗旨。在演说中，想要鼓舞他人斗志、交流思想的时候，当然是语言直白更能达到想要的效果，说得太含蓄反而会让人摸不着头脑，也会让人觉得演说家太虚伪、做作，产生相反的效果。但如果是要对方接受那些缺点的言论，最好还是用含蓄、婉转一点儿的言辞，用“弦外之音”，点到即止。

不友好的听众并不常见。但是，在演说的时候，很可能遇见对你提出的观点持反对意见的听众，这会让听众产生怀疑的心理或者消极反应，又或许会出现赤裸裸地用言语挑衅，进行语言攻击的情况。如果出现这样的状况，演说家的经验丰富还好说，他们早就身经百战，能够游刃有余地处理这些问题。但是，如果你是新手，缺乏演说的经验，那这对你来说就是一场灾难的降临，你还能轻松地掌控整个局面吗？面对听众对你施加的压力该怎么办？

其实，在多数情况下，演说家都能提前感知自己所提出的观点是否会遭到部分或全部听众的反对。如果演说家对听众提出的反对意见非常诧异，觉得不可理喻，那可能是因为在演说家准备材料的时候就没有做好充分的准备。

当听众对演说家的演说不满意或者持反对意见的时候，他们会用多种方式和行为表达出来，比如用脚尖敲地面或者不断地摇头、叹气，这样的非语言信号很难让在台上讲话的人集中精神；当然也有一些听众会公然插嘴，进行口头攻击。

更恶劣的还有故意发出奇怪的声音、吹口哨等。那么对于缺乏经验的演说家来说，听众的这些不满行为都会让演说家的思维列车“脱轨”，从而动摇演说家的信心，分散演说家的注意力，让演说家不知所措。所以，在演说前，能够预知听众的反应是很关键的。

无论讲话者讲述的话题或提出的观点、问题是什么，都不要忽略听众的看法，因为他们可能与你的意见相反。所以，演说家应当及时意识和感知到听众相反的意见，并想办法搞清楚它们形成的原因，要从各个方面深入地研究你所讲的话题，如此，演说家就能预知并自信地应对听众对话题的相反意见。预知异议、应对听众的怀疑并进行有效的抗辩，这不仅会让有不同意见的听众安静下来，而且还会帮助你建立起在其他听众心目中的威信。

对一些棘手的问题不方便直接说出来，但大家又都能明白时，演说家不但要照顾对方的面子，同时还要维护自己的尊严，这时候演说家说话要含而不露，让听众自己去体会。

“弦外之音”就是大家把不方便直接说明的事物，运用相关的同义词或者比喻来婉转曲折地表达出来，从侧面加以暗示的一种修辞技巧。

含蓄则是带有打哑谜这种特色的一种演说的技巧，就是在演说的过程中，不把事物的本意直接表达出来，而是故意说些与事物本身相关或相似的事物，来衬托本来要表达的意思，使原本也许十分困难的沟通和交流变得顺畅。

就像培根所说，谈论应该像一片宽广的田野，大家可以在里面随意行走，而不应当像一条笔直的大道，直通家门。领导者在向他人提出意见或者批评下属的时候，要讲究修辞手法的运用，用委婉而含蓄的话说出你想表达的内容，那么在表情达意上往往会收到更好的效果。

演说家在能够预知麻烦的情况下，学会使用下面这七个应对不友好听众的技巧，能够更好、更快速地提高你的讲话能力。

1. 找到与听众的共同点

演说家应当思考一下自己与听众有哪些共同点。在某些方面与听众达成共识，可以成为使听众支持你讲话内容的纽带。所有人都有某些普遍的共性经历，这些经历使全人类无论在文化背景、生长环境、受教育程度和社会阶层方面有多大差异，都能够紧密地联系在一起。当演说家面对的听众对他的思想观点持有强烈的反驳意见时，演说家在发言中就可以运用那些人们普遍的共性经历加以说明和阐述，这是非常重要的。在演说时，使用这样的语言技巧，即使那些对你怀有敌意的听众，听了这些普遍经历，也会禁不住和你产生共鸣，在你接下来的讲话中，就不会对你产生太强烈的抵制情绪了。

总之，听众是由复杂的、有思考能力的、有感情的群体组成的，和所有人一样，都有梦想，有渴望，有恐惧。演说家在如何与听众建立亲密关系、对听众施加影响力的技巧方面练习得越多，就越容易找出契合听众的愿望和动机，并促使听众站在你的角度来分析问题。

2. 以积极的态度面对

成功的脱稿演说者与普通人最大的不同就是，成功的演说家的态度是积极而乐观的，普通人则不尽然。如果演说家的态度是消极的，行为举止有失自己的身份，那么就不可能在别人心目中留下成功者的印象，而且极有可能使自己的思维受到他人的掌控，因为消极的人总是能受身边不好的事物的影响而改变自己的想法。只有怀着热诚的态度和激情澎湃的心情向听众展示你独到的见解，才能够帮助你说服听众相信你说的话。所有成功的演说家都知道，乐观和激情在演说中是感染听众最有力的武器，这种积极向上的情绪是不可阻挡的。

3. 坚持自己的目标

无论是何种形式的讲话都是有目的性的表达，例如演说、陈述事物或公开讨论都要树立明确的目标。只有演说家自己明确讲话的目的，才能够在面对听众对你产生对立情绪的时候继续坚持自己的观点。明白自己的目标在多数正式和非正式发言场合中都是非常必要的。目标明确能够使演说家始终将注意力集中在自己提出的观点，并且可以迅速地感知批评者在哪些方面、什么时间会向你发难。在演说家说出一些充满感情色彩的语言时，一些听众可能更倾向于直接提出他们的反对意见。此时，听众特别容易怀疑演说家提出观点的真实性和它具有什么样的实际意义。但是，如果演说家对于自己想与听众分享的问题和观点特别清晰而坚定，那么，当听众怀疑和否定你的讲话而企图转移你的注意力时，你就会更加有信心去应对这些问题。

4. 尽量表现得波澜不惊

演说家，在讲话的过程中，无论遇到怎样的情况，听众对你的不屑、对你观点的反驳，或者嘲讽你的演说的意图，都要保持一颗平静的心，控制自己的情绪。俗话说“无欲则刚”，演说家通过控制自己的脾气，用理智和事实说话，而不是靠情感大爆发来回应听众的责难，这时候演说家就能够在其他听众心目中留下好的印象。他们会认为你是一个头脑冷静、遇事从容的演说者，从而会更愿意设身处地为你着想，站在你的角度帮你思考，或者帮助你反驳。

5. 做好充分的准备

在演说的过程中，当演说家遇到某个与自己提出观点唱反调的听众时，做好准备就显得尤为重要。如果演说家知道自己的哪句话听众最有可能提出反对的意见，演说家就有机会在发言时，对这些方面的内容做出具体的分析，并加以强调，提出听众无可辩驳的证据。演说家要尽可能多地搜集与听众听你讲话的动机、态度和兴趣相关联的信息，以便清楚地知道听众对你提出的思想观点有哪些先入为主的看法。演说家所搜集到的信息越具体，就越能了解听众独特的视角，掌握他们思想的方向，从而为应对听众与你存在不同意见做好充分的准备。

6. 实事求是

假若演说家处在遭受人身攻击的压力之下，切记，不要在捍卫自身立场时说一些与之无关的话。如果演说家在捍卫自身立场时，说一些毫无意义、不着边际的话，那就会成为众矢之的。坚持自己的意见是没有错的，并且一定要坚持。但是，在坚持事实的同时，一定要掌控自己，不要随意使用那些你无法验证或道听途说的、尚无法确认的、靠不住的资料。在演说家提出自己观点、意见的时候，如果这个观点或看法目前还在某个领域存在争议，演说家就要拿出能证明自己所说是十分正确、让人无可辩驳的论据。否则，听众不但不会相信你的话，还会把它作为可攻击的突破口，对你进行攻击。

7. 注意肢体动作

人与人在交流和沟通的时候，相互之间传输的信息大部分都是通过非语言信号获得的。有时候，肢体“说”出的语言更能够赢得对方的信赖，肢体语言代表的含义有时候是超过口语表达所能表述的范围的。因此，无论何时何地，只要演说家在对他人说话，就应该注意自己的肢体语言能不能够帮助听众对所讲述的内容、观点、问题有更加清晰的认识和理解。如果演说家对自己所传递信息的可信度都有所怀疑，或者不能坚持和认定自己所持的立场经得起旁人的推敲，那么演说家的口语和肢体语言就会体现出不一致性。思维极其敏锐的听众能够立即察觉到这一点，并因为演说家的口语表达和肢体语言所传递信息的不一致性而做出定论：你不值得信任。

所以，演说家在演说的时候要与听众的目光进行频繁接触，也就是用真诚的眼神去和对方沟通，使演说家的外在动作和声音自然地支持衬托和所传递的信息。要让听众感觉到你虔诚地信守自己所说的内容，并且清楚它们的价值，通过“眼里有听众”的技巧，拉近与听众的距离，让听众感觉到你与他们的密切联系。

第七节　有张有弛：让演说引爆全场

激情：比听众更 High

杰克是一名非常优秀的销售人员，他在一家知名的销售公司任职。在一次演说中，他说自己已经可以使“兰花”在无种无根的情况下生长。但这是有违常理的，他接着说：“有一次，我将胡桃木灰撒在新耕过的田地里，然后兰花就长出来了，所以我坚信，胡桃木灰——并且只有胡桃木灰，才是兰花生长的原因。”

在评委评论环节时，评委向他指出，如果这个惊人的发现是事实的话，杰克将会在一夜之间成为富翁，因为兰花种子的价值很高，并且这个发现是史无前例的，他将因此成为这项发现的第一人，也会为人类历史的发展做出杰出的贡献。但是，事实上，从来没有人能够从无机物中培养出生命，奇迹会在杰克身上发生吗？在场的其他听众也不相信，所有人都抱着怀疑的态度，唯有杰克，他坚持自己的意见，并声称自己绝不会错。他对自己的这个发现热衷到不可思议的地步，还激昂地讲述了自己的经验，又给大家展示了更多的资料，用理据说服大家。从他的声音中，听众感受到的是真诚。

但是评委还是坚持说他不可能是对的，这种从无机物中培养出生命的可能性为零，但是杰克还是不服输，他站起来说："我们来赌五美元怎么样？让农业部来验证。"在座的听众听他这样说，开始窃窃私语，有些人竟然动摇了，开始相信杰克的说法。听众为什么会改变自己的看法呢？就是因为杰克对自己观点的热情和讲话的激情震撼了他们，让听众对自己都产生了怀疑。

杰克的例子足以说明，演说者在演说的过程中，对自己的观点极其坚持，并且充满热情，激情澎湃地给出理据，说明原因，便会让他人相信。即便是他说了一个根本不可能的事情，但是，他确实靠自己的热情感染了听众。听众被他讲话的语气语调、认真诚恳的态度感染了，因此，他们开始相信一件不可能的事情。这就是激情带给演说者的最大收益，如果演说的时候，演说家整理的资料是真理，那将会更有说服力。

许多成功的演说案例，演说者的激情是起着关键性的作用的。演说家在讲话的过程中，始终保持旺盛的精力，对自己所讲的内容始终充满激情，并带动现场的观众，点燃气氛，演说家自身就会变得更有吸引力和号召力。

讲话如果缺少激情，就会显得萎靡不振、苍白空洞。每个人的内心都是充满激情的，只是在生活中，很多人都不愿意将自己的感情暴露在他人面前。

在演说的时候，演说家的感情会透过他的表达自然地流露，这样的表达才能够感染听众。如果能够充分调动自身的情感、情绪，用情打动听众，那么听众就会自然而然地被演说家吸引，集中精神听他的讲话，听众的注意力就完全掌控在演说家的手中了，这时，他也就得到了开启听众心灵之门的金钥匙。

每一个演说的人都十分在意自己的选题能不能吸引听众，能不能让听众感兴趣。其实，这很简单，只要尽情发挥你的热情，坚信自己的观点，并用最激昂、真诚的态度表达出来，你就一定能够得到听众的信赖，不用担心他们对你的讲话不感兴趣了。

林肯在就任美国总统时，曾发表过一篇演说，这篇演说至今被人称为“人类最光荣且最宝贵的演说之一，是最神圣的人类雄辩的真金”。到底是怎样的演说，才能获得大家这样的赞誉呢？他的演说内容是这样的：

“我们都热诚地乞求，大灾大祸能够早早结束，无论面对什么样的人，我们都要保持一颗慈爱而非怨恨的心，我们坚持正义，努力整顿已经残破的国家，纪念战死的烈士，善待孤儿，维护人与人之间的和谐，国家的永久和平——这是我们的工作，是职责。”

他在葛底斯堡的演说已经十分精彩，但是他的就职演说更胜于它。这是林肯一生所做演说中最感人的一篇，他的这次演说激情澎湃、热血沸腾，使他的人格魅力散发出耀眼的光辉。

人人都希望能够成为像林肯这样充满激情的演说者，但是具体应该怎样做呢？

1. 细致地描述真情实感

演说家将自己的感受描述得越清楚、越细致，越能够感染听众，给听众一种生动逼真的感觉。演说家可以用局外人的身份来讲述，但是，如果你对自己所讲述的内容有着亲身体验和感受，那么你的讲述会更加明确、更加动人，表达也更有说服力。但是，如果演说家用第三人称来表述，就不会给听众留下深刻的印象。

演说的时候，演说家可以根据自己对材料整理的体验和热衷，来充分表现自己的热情与激情。不要抑制自己的情感，只有演说家的情绪上升，听众才能被吸引，所以，请将你的真情实感尽量抒发出来，让听众知道你对自己即将讲的内容倾注了太多的心血，他们会被你的真诚打动的，自然而然就会投入到你的讲话中去。

2. 对自己演说的主题有深刻的感受

在演说中，演说家自身要对自己所讲的主题有深刻的感受，这是非常关键的问题。如果演说家对自己的主题都没有特别的情感，得过且过，那么听众怎么会信服他呢？只有演说家对自己的题目有实际的接触，或者是对主题做过深入的研究和思考，才会对主题充满热情。所以，关键在于演说家自身对主题的理解、在准备材料的时候是否投入。

3. 内心的热情要表现出来

演说家要在演说中给听众一个感觉，让听众觉得其对自己即将说的话有强烈的愿望，你要把自己的观点分享给他们，你所谈到的问题能给他们带来实际的收益，他们听了之后可以有所感悟。哪怕这样的热情是为了演说而演出来的。听众的情绪是否能被热情所感染，完全取决于演说家自身的情绪。所以，当你站上演说台时，首先要用眼神表达出这种热情，精神状态积极，走起路来英姿飒爽，在一开场就给听众留下热情洋溢的印象。

在进行演说之前，如果演说家非常紧张，可以在上台前做几次深呼吸。上台之后，要从容自然，不随便倚靠讲桌，挺胸抬头，告诉自己：“我现在讲的话题对听众来说是非常有价值的，听众非常渴望知道我的讲话内容。”在这种自我心理暗示之下，你全身的各个器官都会协助你，你的每一条神经都会高速运转，帮助你做好这次讲话。演说家要拿出势在必得的架势。

有人把演说家上台前的这些准备和心理暗示定义为预热反应。在任何需要用情感的情况下，这个定义都非常适用。《有效记忆的技巧》一书以罗斯福总统为例，说明这个问题。书中说罗斯福活泼愉快地度过一生，他总是雀跃的，充满活力和热忱，这是他的特点。罗斯福总是对自己所做的事情抱有浓厚的兴趣，甚至有一种浑然忘我的姿态，或者他是假装的，但他表现出来的就是这个样子。总之，演说家要把自己内心深处的热忱表现出来，如果你在演说中充满热情，你就会明白热情是需要用真情实感来表达的。

手势：升华情感

小王是某大学辩论队的队长，曾经代表学校多次参加大学生辩论赛，并取得优异的成绩，三次被冠以最佳辩手的称号。在一次“国学教育与现代教育哪个更适合”的主题辩论赛上，作为正方一辩，他是这样发言的：“在谈这个话题之前，我想请大家明确一下，什么是国学。”在说这句话的时候，他伸出右手的食指，抬起手臂，让食指靠近面部的右前方，指尖向上，身体略向前倾斜，给人一种他即将要开始做一个很深入的探讨的感觉。他接着说：“章太炎先生在《国学经典》中有个粗略的论断，即‘一国所有之学也’，也就是说它包含了一个国家所有的学术和文化……”在他的发言中，不但充分阐述了国学的范围以及一个国家的根基便是国学，而且还运用手势、动作来辅助他的表达，使语言更有节奏感，更有说服力，最终赢得了热烈的掌声。

小王在辩论赛中运用手势加强语气，使他的表达声情并茂。他所运用的就是“动作表达法”。**在演说的过程中，演说家运用动作表达法，可以让自己的讲话由无情变为有情，让讲话活泼生动，情感饱满，丰富多彩。**

用动作表达“速度、力量、激情”

表达内容	描述
速度	在说“速度”的时候，拇指和食指扣拢，迅速地向前方刺去，然后有力量地停顿
力量	在说“力量”这个词的时候，双手呈握拳状，抬起双臂，用力将拳头小幅度下沉，以展示力量
激情	说“激情”的时候，单手握拳，举起手臂，向上伸展，举过头顶，让自己感受到向上的力量

加上了动作之后，演说家身体的肌肉会不断地收缩，声音洪亮有力、热情饱满，感情自然而然就流露出来，脱口而出的语言也充满激情。

为什么运用“动作表达法”就能让自己的感情表达出来呢？分析起来有两个原因：

运用“动作表达法”能表达情感的原因

原因	描述
身体内的血流量增加	人在做动作的时候，身体的肌肉会不断收缩，血流量会增加。所以，人在讲话的时候加上动作，马上就会变得有激情，这不是凭空捏造的，是有科学依据的。著名的手移植专家顾玉东曾在一篇研究报告中说道：“手部在做一些简单的动作时，大脑的血流量会增加10%，手部在做一些复杂或者有力度的动作时，大脑的血流量就会增加35%。”这就是手势可以带动情绪、让大脑兴奋起来的奥秘。 大家有没有过这样的感受：吃完午饭就犯困？这是为什么呢？ 因为这时候，人体的血液都集中到胃里帮助胃消化，而大脑就会暂时出现缺血的情况。大脑缺血人就会觉得疲劳、发困、无精打采，人就会想睡觉。那么反过来说，人在大脑供血充足的情况下，就会精神抖擞、情绪高涨。所以，当我们的手在做动作的时候，大脑的血流量突然增加，马上就会精神百倍，情绪也会高昂
保持人体节奏的一致性	什么叫人体节奏的一致性？所谓人体节奏的一致性就是说手在做动作的时候，肌肉收缩能够带动声音的情感，使得动作和声音形成共鸣。 人的身体是一个整体，这个整体里面所有部位的节奏都是一致的。 演说家在做手势的时候，马上就会带动身体的其他部分，包括气息的转换、血液的流动、肌肉的收缩、声音的大小，它们作为身体这个整

（续表）

运用“动作表达法”能表达情感的原因	
原因	描述
	体的一部分会按照同一个节奏和谐地运动。比如前面说的，在说“速度”的时候，加上手势，人的气息就会加快，血流量也会增加，肌肉收缩也会更加明显，声音自然就会随之充满力道，激情澎湃。 手的感情节奏带动口的感情节奏。所以，演说家在平时练习的时候就要注意手势的作用，运用动作表达法来练习，久而久之，把动作表达法融入到演说中，形成一种习惯。自然而然地，演说家演说的时候就会充满激情，语言也会更有说服力

手势的作用除了能够带动情绪，还有什么呢？

1. 每个人脑中都有一幅“图画”

人的脑中会产生形象，是因为每个人的右脑中都有一个装有各种形象的大仓库，在仓库里面储蓄着大量的形象画面。而这些画面是人们从生活体验中慢慢积累下来的。人们通过耳朵、鼻子、眼睛等器官感知到的这些客观事物叫作外形象；外形象转换成记忆储存在人们的头脑中，就叫作内形象。

关于语言比较抽象概括的符号，很难用于直接再现事物可感受到的属性。所以，一般来说，语言形象不可能像造型艺术形象那样，可以受视觉的直接把握。但是，高尔基在《和青年作家谈话》一书中说过：“语言是一切事实和思想的外衣。”语言具有概括功能，这一功能又使得它不受直接感知的局限，能够自由灵活地引发人们产生各种具体生动的想象。所以说，听觉活动是能够引起听众根据自己的生活经验进行“再创造”的想象活动，让听众身临其境。

为什么有的人讲话能够做到生动形象、声情并茂，而有的人却不能把讲话做到有形象呢？关键在于下面要说的手势能够调出头脑中的形象。

2. 让手势描绘出形象

先来做一个体验练习，试一试手势是否有调出形象的功能。

用两种方式说“绿豆那么小，西瓜这么大”这句话。

第一种方式，直接说不加手势。这样的结果就是，只是在单纯地念出文字并发出声音，语言没有调出事物的形象。

第二种方式，边说边加上手势。在说“绿豆那么小”时，右手的拇指和食指靠拢，留出一点儿空隙，然后眼睛盯着手指。加上这个动作，马上就会给人们一个立体的形象，好像手上就有一颗绿豆一样，说起话来也是栩栩如生，充满形象感。在说“西瓜这么大”的时候，两只手夸张地呈抱大西瓜的样子，手掌伸开，五个手指向中心弯曲。这个手势一加，马上就能在脑子中找出相应的形象。这时候再夸张地放大声音，“西瓜”的形象马上就出来了，仿佛自己就抱着一个西瓜一样。

虽然口语已经取代了手势语言，但是，人类在这么漫长的岁月里，仍然保留着手势语言这种传达信息的工具，说明它表达形象的功能还存在，以至于保留至今。

同一个人，说同一段话，不加动作说就会很死板，呆若木鸡，加了动作之后再说，立马就会变得活灵活现，描述也是绘声绘色，好多人都觉得不可思议。这也就是说，手势有一个功能，它能够立刻将人们头脑中的形象调出来，变成口语表达的形象。就像是交响乐一样，每一个手势就像是指挥家手中的指挥棒，只要它一动，就能够随时把形象从头脑中调出来。它要是不动，头脑中的形象也无法出现。

其实手势能够调动头脑中的形象这一功能，是人类长期进化的结果。人类变成直立动物的时候，最开始就是把手解放出来，手不再需要负担行走的任务，也不用再依靠手来起到支撑的作用，并且手指能够灵活地活动。手作为人类第一个被解放的身体部位，成为人与人之间交流和沟通的首选工具。人们将通过眼睛看到的事物存储在头脑里，再用手和手臂的动作来传递不同的信息，形成外在的形象符号，完成人与人之间的交流和沟通。长久以来，就形成了人类最初的语言——手势语言。手势语言同时也促使人类看到形象，进而存储形象，最终形成手势表达形象，这早在人类进化初期就形成了固定的联系。

之后，随着人类的再次进化，口语就诞生了。口语相对于手势语言来说，具有更多、更明显的优势。比如说，口语表达消耗的能量少，而手势语言消耗的能量多；口语随时随地都可以应用，不用考虑天气、环境的变化，但是，手势语言在黑夜的时候就没办法识别了，它会受到光线的影响。所以，遵照优胜劣汰、适者生存的法则，口语随着时间的推移，逐渐取代了手势语言，最终就形成现在的以口语为主，手势语言作为辅助口语的表达工具的状况。所以，只要一做手势，眼前就会出现形象；看到了形象，就可以用嘴说出来。这种功能人人都具备，只在于有没有被开发出来而已。

举个例子，“绿豆”和“西瓜”在我们生活中是常见的，人人都用眼睛看到过，用手摸到过的。这些事物客观存在的样子就是外形象，当“绿豆”和“西瓜”的形象通过人脑的记忆储存在大家的右脑中时，就成了典型的内形象。

再比如，李白有首诗《望庐山瀑布》，其中是这样描述的：“日照香炉生紫烟，遥看瀑布挂前川。飞流直下三千尺，疑是银河落九天。”这首诗当中所提到的“香炉峰”“瀑布”“飞流”等都属于客观存在的外形象，是人亲眼看过或者通过电视、电影等传媒渠道看过的场景，然后这些形象就通过记忆存储在人的大脑中，这就是由客观的外形象变成了人脑中的“图画”。

包袱：引爆全场

有一位朋友是幼儿园老师，她在给小朋友讲故事的时候，总是用相同的词。在说公主的时候，她会说公主很美丽；讲到月亮的时候，她会说月亮很美丽；讲到假山、湖泊、草地等等，都要用美丽二字来形容。其实形容词有很多，像是形容月亮的时候可以用迷人，形容假山的时候可以用高大，形容湖泊的时候可以用清澈，形容草地的时候可以用翠绿，等等，这样才能形容出具体的形象，吸引小朋友听故事。

有的人在说话的时候，总是重复地说那些相同的名词。一个词说的次数多了，便缺少了新意。就好像有的人最开始用花比作漂亮的女人，那么他是聪明的，但是之后不断有人用花来比作女人，那些人还算是聪明人吗？哪一个人不是喜欢新鲜事物的呢？重复地使用那些相同的名词，只会让听众觉得枯燥乏味，听来听去都一样，没有新意，久了就会使人产生厌倦的情感，非常乏味。就好比泡了几次的茶叶，味道越来越淡。

相信没有一个人会对那些平淡如水、枯燥、乏味的发言有兴趣的。

在演说的过程中，要想让听众持续对你所说的内容感兴趣，就要不断地“抖包袱”——使用新鲜名词，生动、形象地向听众传递信息。演说家要想使自己的发言生动活泼，就要注意同一个名词不能同时形容不同的事物，同样的名词也不能在一段讲话中用的次数太多。

在演说的过程中，要想给听众不断地带来新鲜感，就要不断变化，不能总是按照一个模板讲下去。如何才能“抖好包袱”呢？

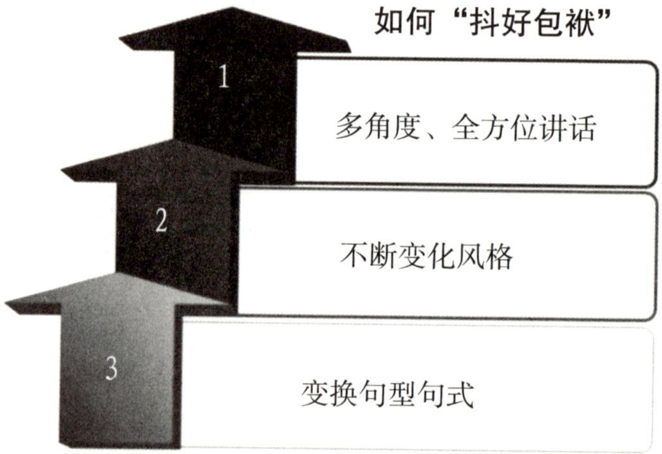

1. 多角度、全方位讲话

视角是指人观察事物的角度。同一个事物，从不同的角度来看、来分析，那么所得到的认知结果也是不相同的。语言表达的视角，在演说中同样占有相当重要的地位。人的思想概括起来就是“情”“意”两个字。一段话，在表达感情的时候，视角应该随着“意”的变化而变化，随着“情”的转变而转变。

美国著名作家马克·吐温便善于利用这一技巧，从多角度表情达意，甚至应付他人无礼的责难。在一次酒会上，马克·吐温在回答记者的问题时说：“美国国会中有些议员简直是一堆狗屎。”议员们知道了这件事情后，非常愤怒，联合起来要求马克·吐温公开道歉并予以澄清，否则就会将他告上法庭。没过几天，马克·吐温就在《纽约时报》刊登了致联邦议员们的道歉启事："我考虑了很久，觉得我说的话不太恰当，也不符合事实，特此登报声明，现将原有的话修改如下，'国会议员中有些议员不是一堆狗屎'。"

马克·吐温这一做法，是巧妙地利用了肯定与否定的关系，将同样的意思用不同的句式表达出来，看似不同，其实他仍然坚持自己对议员们的轻蔑和鄙视。

2. 不断变化风格

有一次，国画大师张大千参加其弟子为他举办的饯行酒宴，酒宴邀请了社会各界名流。大家入席就座之后，都显得有些拘谨。宴会开始后，张大千先是举杯走到京剧大师梅兰芳的桌前，说："梅先生，您是君子，而我是个小人，这杯我先敬您！"说罢便一饮而尽，在座的宾客都吃了一惊，梅兰芳自己也百思不得其解，便问道："此话怎讲？"张大千笑了笑说："您是唱戏的，动口，您当然是君子啦；而我是画画的，动手，我不就是小人嘛！"满堂宾客听了张大千的话后，哈哈大笑。梅先生听罢也是乐不可支。此时，宴会的气氛一下子就轻松起来。

张大千用幽默的语言，调节了现场的气氛。幽默是一种语言风格，张大千善于巧用这种风格来活跃现场拘谨的氛围，可以看出他善于使用说话的技巧，懂得如何才能取悦听众，真是技高一筹。

诸葛亮在舌战群儒的时候，根据不同的对象，运用多种讲话风格。在面对东吴那些心怀鬼胎、试图向曹操投降的大臣时，诸葛亮选择谈笑风生，用其犀利的言辞嘲讽薛综、陆绩；面对虞翻、严峻的时候，诸葛亮言辞激昂。此外，他还巧妙地激怒孙权、周瑜，为火烧赤壁战败曹操奠定了坚实的基础。

3. 变换句型句式

人类语言丰富多彩，句型的变化也能够起到丰富演说的作用。

一般演说都用主谓宾的句型，这样直接表达讲话的目的，多用于日常交流、演说报告、主持节目、商场促销等活动中，能够让听者直接准确地了解到演说家要表达的目的，不拐弯抹角。其实，句型有很多，像祈使句、反问句、倒装句等，像反问句就常常被应用于演说中，起到强调内容、肯定答案的效果。

第五章　征服世界的开始

——利用演说收人、收钱、收心

一场无与伦比的精彩演说，对演说家而言就像一场“真人秀”。

我们不仅要有独特的风采和口才，更要有自己独特的智慧和风格。这样才能将全部的精力和思想注入演说，激发听众情绪的同时获取更多的信任，赋予演说更多的活力——听众从演说中获取“福利”后，我们才能真正开始征服世界，达到利用演说收人、收钱、收心的境界。

当然，这并非终极目的。一个优秀而成功的演说家就是一个能不断吸收新知识，并且不断自我更新的人。

我相信，在一个超级演说家眼中，演说没有最好，只有更好。

第一节　收人：演说境界提升拓展“听众网络”

演说的三大秘诀：互动、塑造、7/38/55 定律

演说有三大秘诀：互动、塑造、7/38/55 定律。这三个秘诀能让你顺利收服人心。

1. 互动

互动		
好处	方法	描述
拉近与听众距离	开口	直接提问题。例如： 大家今天来到这里，是不是想要有最大的收获？ 今天内容非常丰富，但有时间限制，大家想要听 1/3 的内容，1/2 的内容，还是全部的内容呢？ 当我讲完一段话的时候，如果大家听懂了，就请回答我“听懂了”好吗？
加快听众接受观念、想法的速度	名言警句	一半自己说，一半让听众回答。 例如： 近朱……近墨…… 物以……人以…… （就算没人愿意接话，自己也可以看情况把另一半讲完）

（续表）

互动		
好处	方法	描述
不易令听众困乏	“YES”	问一些回答“YES”或“NO”的问题，但答案最好是“YES”！
更容易成交	呼应	给听众留一些话呼应。如奥巴马的精彩就职演说里面的“Yes，We Can！” 要呼应，就需要这句话反复出现
更容易与听众互动	互动	让听众和你一起重复一遍。例如“大家和我一起说一次……”

2. 塑造

塑造——一种形容事物的能力或表达力。

塑造	
根据人类的感官塑造事物	举例
视觉	形容：大小、形状、颜色…… 比喻：仿佛看到了…… 对比：和 ××× 一样，与 ××× 相比……
听觉	形容：柔、刚、远、近、散…… 比喻：似乎……、好像……
嗅觉	形容：感觉…… 比喻：这感觉好像……
味觉	形容：味道 比喻：有一种 ××× 的味道……
触觉	形容：软软的、硬硬的、滑滑的、粗糙的…… 比喻：感觉好像……

3.7/38/55 定律

西方学者 Albert Mebrabian（雅伯特·马伯蓝比）教授研究出“7/38/55”定律，证明了这个结论：“在整体表现上，旁人对你的观感，只有 7% 取决于你真正谈话的内容；而有 38% 取决于辅助表达这些话的方法，也就是语调、声音的抑扬顿挫等等；却有高达 55% 的比重决定于你看起来够不够分量、够不够有说服力，也就是你的表情、肢体动作等等，一言以蔽之，也就是你的专业性——这比内在更胜一筹。”

7/38/55 定律（满分为 100 分）

分值（所占比重）	描述
7 分	内容
38 分	语调、声音的抑扬顿挫等
55 分	肢体动作、表情等

知道了这三个秘诀，我们就可以将前面几部分学到的知识，有所侧重地进行总结，并根据自己的学习情况查缺补漏，大踏步向一名专业的演说家前进。

演说的四个境界：辩论、推销、说服、顾问

当你为一个人做很多事情的时候，喜欢你的人会感动，不喜欢你的人只会觉得你很无聊，做再多事情也是多此一举。

要想成功演说，要留心以下四个境界：

演说的四个境界

境界	忌讳	说明
辩论	“巧舌如簧，针锋相对”	谁赢了都会两败俱伤。最终目的不是辩论，而是抛出自己的观点并让听众接受
推销	“我是最好的，你要用我”	总会有清醒的时候，总要离开。推销不是“吹嘘”，吹嘘过头最后只剩下“唏嘘”
说服	“以问取胜，循循善诱”	对方不得不做但会不甘心。提问是为了引导，而不是逼迫对方回答。
顾问	“走进对方内心世界”	深挖核心信念，带出“走进你的世界”。演说时总想成为对方心里的“魔鬼”。殊不知，一名好的“顾问”应该像一名“教练”，不是非要侵入谁的内心，而是和对方“同呼吸、共命运”

第二节　收钱：开启公众演说“招商模式”（会销模式）

靠演说让销售业绩倍增

营销大师杰·亚布拉罕曾经创造过无数的营销奇迹，他为企业创造了70亿美元的销售额。

他是怎么做到的呢？

如何靠演说让销售业绩倍增

方法	描述
集中销售	杰·亚布拉罕建议安东尼·罗宾将自己曾经教授过的学员重新组织起来，课程的主要目的就是与每一位学员建立销售关系，从而编织出一张销售关系网
名人销售	安东尼·罗宾的学员中有许多名人，杰·亚布拉罕建议他将这些名人的照片制作成相册，与他的潜能开发课程一起制作成磁带进行销售。这些磁带在电视直销中卖了两三千万套

必须再次强调我的一个观点：尽管有些人或许会说，这个世界上没有几个演说家会赢得数以亿计的销售业绩，那些成功者都是非常幸运的，但是我

始终相信，我可以做到，我能够成为演说行业中的亿万富翁，这样的自信不仅是对我自己，更多的是对我的团队和朋友。

毋庸置疑，演说是能够带来丰厚的财富的。

每一位世界级的演说大师都用自己的实力证明了这一点。

对于我个人来说，演说是为自己和他人创造财富的一把金钥匙。我的演说课程就是要将这把打开财富大门的金钥匙交给每一个人，让每一个来听我的演说课程的人都拥有成为亿万富翁的机会。安东尼·罗宾就曾经学习了许多课程，而他组合出了一个属于自己的演说课程，他的演说课程不仅让自己成了富翁，也帮助许多人成了富翁。可以说，世界上所有的演说家过去都是一无所有的，而后来他们都靠销售自己的演说成就了自己的财富梦想！他们可以做到，我可以，你也可以！

重中之重：在演说中“成交”

演说的目的就是为了“成交”。

有些课程卖得贵是有原因的，你可能不知道它提供的附加值是什么，为什么有的人 17 万一节课，赚 3.2 亿，还有人说实在是太便宜了？

如何在演说中“成交”

方法	描述
注意听众发出的信号	听众的“购买信号”往往十分明显，例如，听众开始反复询问某个课程时，这就好比你在卖产品时，有人反复问你“这款手机能上网吗？”“这种播放器支持音响播放吗？”或是“这种羽毛球能不能进行室外训练？”你应该想到，这些人其实比较青睐这一类产品。在这样的情况下，你可以进行一些旁敲侧击，比如，你可以说：“要不您下周来免费试听？”“我帮您找一个课程，您听听效果如何？”或是说：“一看就知道您是喜欢学习知识的人，您也试听过了，掂掂这课程分量就知道了。” 总之，当听众说一些和课程有关的话时，你应该分清是否表示对方很喜欢这个课程，在这种情况下，向听众做介绍的时候，可以侧重于实际运用，也就是说，引导客户自己亲自来试听
掌握成交方法	当听众表现出购买意向的时候，我们在语言中运用一些技巧是很关键的，可以帮助听众达成购买意向，从而实现“成交”。例如，你可以采用直接请求的方式，说：“这种课程是近几年比较流行的。当然您大可不必追随趋势。但是作为您这样有社会地位又经常接触高端客户的人，来听一听丰富自己肯定没有坏处。”

（续表）

如何在演说中“成交”	
方法	描述
掌握成交方法	也可以用多方案成交法，也就是说，你可以为听众提供多种选择，例如，你同听众说“您想选择什么类的课程呢？××类还是××类的呢？”当你将可以选择的条件说出来的时候，实际上是将听众“圈”在了中间。 当然，激将法也是不错的选择，你可以说：“这种课程价格比较高，估计您不会选择的。”有些时候，这种方法反而会有比较好的效果，不过不能常常用，毕竟不是每个人都能接受的
注意事项	在同听众交流的时候应该时刻注意他们的购买欲望是否有增加，这一点往往体现在客户对课程的兴趣上，这时候，我们的引导成为促成成交的关键。 帮助听众产生购买的主意是我们的职责所在，当你发现对方有意向的时候，应该运用一些语言上的技巧，引导他们做出决定。 促成成交的话，要及时，一旦发现了听众的需要，便要在语言上跟进

第三节　收心：所有听众都是你的“超级粉丝”

我们都将成为“超级演说家”

在我们没有接触演说的时候，演说对于我们来说是一件非常神秘也非常遥远的事情，我们会觉得演说与我们的生活、事业完全没有任何交点。当我们还是一名坐在演说台下的听众的时候，或许我们不会想到有一天自己会成为演说台上的主角，成为一名出色的演说家。但是，当了解一些演说课程、听过一些演说大师的演说之后，我们会逐渐发现演说其实与我们的生活和事业有着某种神秘的联系，几乎可以说是演说为我们打开了一扇通往成功的大门。

那么，我们会不会成为出色的演说家呢?

答案是肯定的。

只要我们虚心学习，只要我们充满自信，我们就会成为一名“超级演说家”，征服我们的听众，成就我们的演说事业，赢得属于我们自己的演说台。

大家在开篇都了解了我悲惨的童年，用那个年代的话来说就是，我不是一个“好学生”。我也没有想过要将演说当作自己的终身职业。我觉得站在演说台上的演说大师都十分博学多才、与众不同，我可能一辈子都学不会演说。

当我第一次站上属于我的演说台的时候，我的心情非常兴奋，没想到我也能成为一名演说家，让所有的听众都安安静静地听我说。直到我掌握了全场，我主导着几千人的情绪和思维。这对于此前的我来说，是一件非常不可思议的事。既然我可以做到，那么你们每一个人都能够做到。

我会在我的演说课程上对我的学员说："没有天生的演说家，我们都是经过后天的努力和训练才成为演说家的，每个人都可以成为出色的演说家。"

演说的能力和技巧并不是与生俱来的，也不是无法学习的。所有的差别也不过是有些人的接受能力比较强，那么他们就会学习得相对顺利一些；有些人的接受能力稍微弱一些，那么他们学习演说的时候就会比较慢一些。但是，在成为一名优秀演说家的学习过程中，快不一定是好事，慢也不见得是坏事。虽然成为演说家绝对不是一件非常容易的事情，但是我们可以用自身的好学、虚心和聪明才智来克服所有的难题和困难。

1. 基本条件人人具备

每一个人都有属于自己的独特之处，这些与众不同的地方就是我们成为演说家的基本条件，更是我们形成自己独特演说风格的有利条件。不要说"我不是那块料"或"我没有天赋"，只要你有激情，有自信，就可以加入到演说的行业中来。

2. 演说需要激情

无论我们有什么样的学历和家世，有没有事业和财富，只要我们的心中充满热情，有传递自己的思想和观点的欲望，有帮助他人的渴望，就可以成为演说家，成为比你希望的还要优秀的演说家。

3. 演说之路不能耍小聪明

虽然如此，我们在成为演说家的过程中千万不要认为凭借一些小聪明就可以顺利地过关，这样做只会让你得不偿失。实际上，就算是非常有经验的演说家站在演说台上面对台下成千上万的听众时，心里难免也会出现一些紧张的情绪。不过，也不要将困难扩大化，所有的问题都可以通过我们的学习和努力得到解决，我们每一个人都有可能成为出色的“超级演说家”。

发出自己的声音，迅速提升影响力

我们生活在这个时代里，应该感到幸运。因为这个时代给了我们无数的可能性，也给了我们表现自我的舞台。那么，我们要如何利用生活给予我们的舞台呢——**发出“自我的声音”以及传递完全自我的思想和观点，这样才会逐渐提升自己的影响力，因为至少你是一个有话语权的人。**

我从事演说事业到现在，曾讲过许多场的演说，也听过许多场演说。对我来说，听众给予的最大褒奖就是说“我记得程老师说过……”“我受到程老师的影响……”等这样的话。这些话可以从我的听众口中说出来，就充分地证明了我已经形成了自己的演说风格，我的声音不仅被他人听到，也得到了回应和认同。

1. 如果你不开口演说，别人就永远无法听见你的声音

当我站在演说台上的时候，我是一名充满自信而且认为自己具有较强影响力的演说家。那么，当我站在生活的舞台上的时候，我的声音会不会被他人接受呢？虽然我不知道问题的答案，但是我确信一点：如果我不说话，你就永远都不会听到我的声音。因此，生活的舞台就是我的演说台，我要发出自己的声音，不仅要让更多的人听到，而且要得到大多数人的认同和回应。

如此一来，我在生活的舞台上就不是一个人在努力奋斗，而是会有更多

与我理想一致、志同道合的朋友、同事、合伙人为了我们一样的梦想而努力，为了我们一致的事业而奋斗。站在生活的大舞台上，找到自己的梦想并为之奋斗终生。

2. 珍惜生活的舞台

生活给了每个人相等的机会，也给了每个人同等的平台，更给了每个人一个大舞台。有些人站在舞台的角落里自怨自艾，抱怨生活没有给他成功；有些人站在舞台的中央默默无言，抱怨生活没有给他财富；而我们只是站在属于自己的舞台上告诉所有的人我们要成功，我们要财富，我们会为了理想和事业前进、前进，再前进。

站在生活给予我们的舞台上，大声地说出我们的理想，说出我们的思想和理念，说出我们愿意去帮助所有的人，说出我们从不放弃的信念。我们知道这一切或许并不是手到擒来的，但是我们愿意为之而努力，为之而付出。所以，登上我们人生的舞台告诉生活："我们来了！"

生活就是我们的大舞台，也是我们的演说台。我们要在这个舞台上发出自己的声音，不但要让自己听见，而且要让全世界的人都听到我们的声音。

让我们一起用演说改变我们的生活，从而征服世界！

后记
我们的人生就是我们说出来的

当我把字符敲到本书最后一节的一刻，心中难免有些不舍，总觉得好多话还没来得及和朋友叙完。回过头再看写出来的一页页、一张张、一排排、一行行，才发现，原来我已完成了当初的计划，完成了这本书。这个过程犹如看着一个襁褓中的婴儿渐渐长大，飞向远方。有心痛、不舍，也有期许。

在本书的最末，我要补充一点——“我们嘴上所说的，就是我们的人生”！

没错，我们的人生，往往来自我们口中常对人说的话语。

例如，“好的”“一定会有办法的”“没问题”……

如果你每天都在说这种积极的话语，那么，你的每一天都会过得非常顺利，就算遇到再大的困难，也能闯过去。

反之，如果你每天都嚷着“太糟糕了”“没办法了”“不可能”“太让人气愤了”“肯定不行”，那么你一旦遇到挫折，运气也会跟着跌到谷底。

当你看不清自己的人生时，不妨试着看一下周边的人与事，尤其是跟金钱有关的事物——那些每天叫着“没钱”的人，跟金钱的缘分也不会太深。

重点不是“因为穷才没钱”，而是“天天说没钱所以穷”。

因此，你必须意识到，每天从自己口中说出的话原来拥有这么大的威力。明白了这点，你就可以更好地改变自己的话语。

其实，每天你所说的每一句话，都给你每一天的生活指明了方向。

这就是“宇宙法则”！唯有积极向上的语言才会载你驶向美好的人生！它就像飞机带的自动引擎一样，只要按下按钮，它就一定能把你带到目的地。

我们或多或少都有这样的体会，总是说自己这不舒服、那不舒服，有一天你就真的不舒服了。就像害怕得病的人，每天都说自己“快要死了”，这样的人，其病情也会加速恶化。无论你得了什么病，在积极的药物治疗和康复过程中，必须保持语言的积极性。

因为我们嘴上说的，就是我们自己，就是我们的人生！

在平时工作、生活中，我们不妨看好的、听好的、说好的、做好的，这样才能得到更好的。不管你关注什么，都会创造出你所关注的一切！但凡那些成功并快乐的人，无时无刻不在关注自己看什么、听什么、说什么、做什么。

你的每个现在都在创造你的未来，你就是自己人生的主角。没有人能掌控我们的人生，自己说了算。所以，从现在开始，让我们只看、只听、只说、只做最美好的事物！

当你每天起床时，请对自己、对他人说：

我多么健康！

我多么美丽！

我多么富有！

我多么善良！

我多么智慧！

我多么幸运！

世界多么美好！

无论工作中有什么问题，永远对自己说：“好的！”“没问题！”“办法总会有的！”

还是那句话，有些事情，唯有相信才会成真。不要动心机，只管去做！

总有一天，你会收获更多人生的惊喜！

因为，“一切都是最好的安排”！

记住：

你渴望的程度是你人生唯一真正的限制！

我可以，你也一定可以！我们终将成为超级演说家！

最后让我们共勉：你渴望的程度是你人生唯一真正的限制——演讲是教不会的，只有不断地练习，我们终将成为超级演说家！

附录
为什么一定要学会公众演说的 100 个理由

1. 学会公众演说可以成为一对多成交的顶尖高手！
2. 学会公众演说可以吸引价值观一致的顶尖人才加入你的团队！
3. 学会公众演说可以吸引到价值观相同的合作伙伴！
4. 学会公众演说可以吸引贵人来帮助你达成目标和梦想！
5. 学会公众演说可以赢得选举，获得支持！
6. 学会公众演说可以帮助企业进行有效的危机处理，快速扭转颓势，起死回生！
7. 学会公众演说可以建立并打造你的核心团队！
8. 学会公众演说可以提高团队的标准，到达一个全新的高度！
9. 学会公众演说可以激发动机和渴望！
10. 学会公众演说可以激发团队的士气和斗志！
11. 学会公众演说可以创造影响力！
12. 学会公众演说可以增加团队向心力和凝聚力！
13. 学会公众演说可以说服比你有钱的人把钱投资给你！
14. 学会公众演说可以说服比你有资源的人把资源和人脉引荐给你！
15. 学会公众演说可以说服比你聪明的人把他的聪明才智贡献给你！
16. 学会公众演说可以说服比你有能力的人为你工作甚至卖命！
17. 学会公众演说可以获取人们的灵魂，成为伟大的领导者！
18. 学会公众演说可以脱胎换骨，改头换面！

19. 学会公众演说可以用一个舌头呼风唤雨，改变世界！
20. 学会公众演说可以主持各种大小晚会及会议！成为焦点人物！
21. 学会公众演说可以在商务谈判中成为影响力中心！占据主导地位！
22. 学会公众演说可以从容自若地接受媒体的采访，增加魅力！
23. 学会公众演说可以激励员工！让团队激发潜能，创造更高业绩和利润！
24. 学会公众演说可以凝聚人心！团结一切可以团结的力量为我所用！
25. 学会公众演说可以化解矛盾，化干戈为玉帛，左右逢源！
26. 学会公众演说可以在关键时刻进行宣传、动员，感召更多人把爱传出去！
27. 学会公众演说可以竞聘上岗，脱颖而出！
28. 学会公众演说可以得到伙伴拥护和领导赏识提拔！
29. 学会公众演说可以成功、有效地介绍公司，介绍产品，介绍品牌！
30. 学会公众演说可以自我推荐！把自己的价值塑造到放大 10 倍甚至 100 倍！
31. 学会公众演说可以进行思想沟通，潜移默化地影响并改变听众的思维模式！
32. 学会公众演说可以批发式销售，一打一打地销售产品，提升营业额！
33. 学会公众演说可以让你彻底远离上台后紧张、磕巴、脸红、心跳加速等尴尬！
34. 学会公众演说可以让你在公共场合讲话思路清晰，落落大方！
35. 学会公众演说可以让你在会议发言时逻辑清晰，极具感染力！
36. 学会公众演说可以让你在领导视察时、重大活动场合时轻松驾驭全场！
37. 学会公众演说可以让你成为快速白手起家的高手！
38. 学会公众演说可以让你提前 10 年甚至提前 30 年 ~50 年实现你的梦想！
39. 学会公众演说可以成为你那个领域的会销高手！倍增业绩！倍增利润！
40. 学会公众演说可以让你彻底摆脱对舞台的恐惧！
41. 学会公众演说可以让你仕途顺利！平步青云！
42. 学会公众演说可以让你成为领导力超强的领袖人物！
43. 学会公众演说可以将你的思想发扬光大！传承给更多人！
44. 学会公众演说可以在最短时间帮助到更多的人！
45. 学会公众演说可以快速提升自信！化不可能为可能！
46. 学会公众演说可以像光速一样改变自己的命运！

47. 学会公众演说可以给员工和客户足够多的安全感和信赖感!
48. 学会公众演说可以无中生有，用一沓白纸开公司，月入百万!
49. 学会公众演说可以点石成金，把品牌和产品的价值塑造到价值连城!
50. 学会公众演说可以把自己变成资深教练，复制人才!
51. 学会公众演说可以顺利召开产品说明会、招商会!
52. 学会公众演说可以成为融资高手和路演高手! 得到投资者的青睐!
53. 学会公众演说可以将招聘系统、销售系统、业务系统等传承给更多人!
54. 学会公众演说可以将你的收入快速提升 10 倍甚至 30 倍以上!
55. 学会公众演说可以缩短你 20 年以上的奋斗时间!
56. 学会公众演说可以节省 70% 以上的销售成本!
57. 学会公众演说可以提高企业知名度，提升企业核心竞争力!
58. 学会公众演说可以快速创造并整合无数的资源!
59. 学会公众演说可以快速增加销售业绩 30%~200%!
60. 学会公众演说可以快速扩大并倍增人脉资源!
61. 学会公众演说可以让你集中有效地吸引并成交大批的 AAA 级客户!
62. 学会公众演说可以让你轻松月入百万甚至千万以上!
63. 学会公众演说可以快速占据你行业的领先地位，成为行业领导者!
64. 学会公众演说可以将故事成交、案例成交、客户见证等手段发挥到极致!
65. 学会公众演说可以扬长避短，准确定位并且聚焦!
66. 学会公众演说可以做到单场销讲业绩达几百万甚至几千万!
67. 学会公众演说可以使会议营销和项目招商在全国各地开花结果!
68. 学会公众演说可以成为你行业的培训大师! 人才制造大师!
69. 学会公众演说可以设计出自己行业的完美成交流程和方案! 狂销热卖!
70. 学会公众演说可以把自己变成一台印钞机，张嘴就能来钱!
71. 学会公众演说可以口吐莲花，成为人际关系高手! 左右逢源! 人见人爱!
72. 学会公众演说可以一呼百应! 让客户疯狂为你转介绍!
73. 学会公众演说可以把客户都变成你公司免费的业务员!
74. 学会公众演说可以成功将企业文化完美诠释和演绎!

75. 学会公众演说可以在每日的早会系统中将员工士气鼓舞到巅峰状态！
76. 学会公众演说可以在每日的夕会系统中做有效总结、归纳、计划！
77. 学会公众演说可以做最有力量的业务启动大会（誓师大会）超越目标！
78. 学会公众演说可以把庆功大会举办得如火如荼，为后期做最完美的铺垫！
79. 学会公众演说可以在任何公众场合或任何会议中游刃有余！成为影响力中心！
80. 学会公众演说可以在遭遇重大失败或颓废时让你快速东山再起！扭转乾坤！
81. 学会公众演说可以在讲经、传道时增加说服力，快速吸引对方做出决定！
82. 学会公众演说可以在商场促销时让客户情不自禁疯狂抢购！
83. 学会公众演说可以在电视广告时动之以情、晓之以理！化成交于无形！
84. 学会公众演说可以在招、投标会议现场力克群雄！轻松获得招标方青睐！
85. 学会公众演说可以在同学聚会等各种机会场合出尽风头！吸引所有人眼球！
86. 学会公众演说可以在人才招聘时准确传递有效信息！吸引到想要的人才！
87. 学会公众演说可以在拍卖会现场将待拍标的物塑造到无与伦比！拍出最高价！
88. 学会公众演说可以在客户答谢会上将客户情绪调动到高潮！让他们感动不已！
89. 学会公众演说可以在员工培训时让员工死心塌地，鞠躬尽瘁，死而后已！
90. 学会公众演说可以在渠道会上将渠道资源统统有效利用，渠道客户紧密捆绑！
91. 学会公众演说可以在代理会上让代理商踊跃下单，订单数量逐年倍增！
92. 学会公众演说可以在招商发布会现场让新客户欣喜不已，抢购报单！
93. 学会公众演说可以复制人才！复制团队！复制分公司！复制品牌！
94. 学会公众演说可以成为直销团队中快速脱颖而出的杰出领导者！
95. 学会公众演说可以成为保险行业中晋升、发展迅猛的佼佼者！
96. 学会公众演说可以成为政府机构中叱咤风云的政治家！领导者！
97. 学会公众演说可以让你轻松驾驭舞台！克服面对舞台的恐惧！自如演讲！
98. 学会公众演说可以吸引异性好感和关注！与梦中情人成为终身伴侣！
99. 学会公众演说可以成为电台、杂志、网络等媒体争相采访的对象！
100. 学会公众演说是成为亿万富翁最快速的方法！